Clés d'accès au XXIIe siècle

Tome 1. La destruction créatrice, une illusion ravageuse

Jean-François Simonin

Clés d'accès au XXIIe siècle

Tome 1. La destruction créatrice, une illusion ravageuse

L'Harmattan

Du même auteur

Anticiper à l'ère de l'anthropocène. Apprendre à défataliser l'avenir au XXIe siècle, L'Harmattan, 2016.

Clés d'accès au XXIIe siècle. T. II. De nouveau matériaux pour de nouveaux futurs, L'Harmattan, 2017.

5-7, rue de l'Ecole-Polytechnique, 75005 Paris

http://www.editions-harmattan.fr

ISBN : 978-2-343- 13307-2
EAN : 9782343133072

À ma mère, partie trop tôt,

À mon père, déjà trop loin,

Remerciements

Outre ma fille Marina et mon frère Michel, relecteurs critiques certes pertinents mais parfois un peu véhéments, je tiens à remercier chaleureusement la valeureuse équipe de relecteurs-correcteurs qui a sué de grosses gouttes pour m'aider à finaliser l'ensemble de la série *Clés d'accès au XXIIe siècle,* tantôt en amont, tantôt en aval, sur le fond ou sur la forme, et notamment : Hélène Cabanes, Danièle Chasseneuil, Michel Daynac, Florence Lopinnet, Nicole Manzato, Jacques Périe et Hélène Silberman.

Sommaire

Introduction 15

1. Le souffle initial du néolibéralisme 27

2. Obsolescence des mythologies occidentales 67

3. Les nouveaux agents de transformation du monde 97

4. Vide stratégique et déficit ontologique...................................123

5. Un portefeuille de futurs en contraction 149

Conclusion...185

Définition des principaux termes utilisés

TGE : Très Grande Entreprise. Employé pour désigner les plus grandes entreprises, souvent d'envergure multinationale.

Horizon BH22 : Biosphère et Humanité à l'horizon du XXIIe siècle. C'est le fil conducteur de cet essai. Il s'agit, au moyen de ce concept, de focaliser l'attention sur les retombées, à l'horizon du XXIIe siècle, c'est-à-dire à un siècle de distance, des principales stratégies de transformation du monde actuellement en déploiement.

Principaux acteurs de la mondialisation : principaux moteurs d'innovation, de croissance, de transformation vis-à-vis des changements d'envergure mondiale. Renvoie, pour les 100 plus importants d'entre eux à environ 50 entreprises multinationales, 40 grands États et une dizaine d'institutions diverses, dont les représentants de la société civile mondiale, certaines ONG, l'Église catholique, certains représentants du crime organisé, comme la mafia ou, actuellement, Daesh.

Civilisation occidentale (CO)* et *humanité : la civilisation occidentale est vue ici comme une civilisation qui s'étend jusqu'à remettre en cause la capacité de survie d'autres types de civilisation. Elle est à l'origine des principales évolutions de l'humanité dans son ensemble, mais aussi des principaux dérèglements qu'il s'agit ici de pointer. C'est pourquoi elle a un rôle et une responsabilité bien particuliers vis-à-vis de l'avenir de l'humanité.

Technico-économique : ensemble des forces qui orientent actuellement le développement de la civilisation occidentale. Sachant que selon le point de vue qui prévaut dans la présente analyse, ces deux principales forces sont la recherche d'innovations technoscientifiques et la recherche de croissance et de profit dans la logique libérale qui se déploie sous nos yeux depuis deux siècles, et plus spécifiquement encore depuis trois décennies environ, c'est-à-dire depuis que nous sommes entrés dans une économie à la fois franchement mondialisée et financiarisée.

Enjeux de civilisation : désigne les enjeux les plus significatifs pour l'avenir de l'humanité, c'est-à-dire les situations, phénomènes ou dangers pour (et par) lesquels une évolution incontrôlée pourrait porter atteinte aux conditions de vie d'une part importante de l'humanité, ou remettre en cause la possibilité d'envisager un avenir de long terme.

Introduction

Au début du XXIe siècle nous franchissons des seuils au-delà desquels les hypothèses de fin du monde passent du statut de représentations religieuses désuètes au statut de descriptions rationnelles de l'avenir. Avec la crainte d'avoir à assister, comme impuissants, à une fin brutale de l'histoire de l'humanité. Car manifestement l'humanité, avec tout son attirail scientifique, économique et politique, n'est pas arrivée au début du XXIe siècle au point qu'elle avait visé au départ de son projet de modernisation. Nous vivons dans une civilisation du progrès, et craignons de disparaître en raison même de ce progrès. Nous souffrons de ne pas être en mesure d'anticiper toutes les implications concrètes de nos prodigieux pouvoirs de transformation du monde.

Dans ce contexte l'anticipation devrait devenir la grande affaire de notre temps. Mais nous ne parvenons pas, ou nous ne voulons pas, le reconnaitre. Car reconnaitre que nous avons à anticiper toutes les implications de nos pouvoirs devenus immenses, cela impliquerait de profonds bouleversements culturels et politiques. Cela impliquerait de reconsidérer nos valeurs les plus partagées, de rebattre les cartes de tous les principaux acteurs de l'économie mondialisée. Et d'abord d'admettre et de mesurer tout ce qu'il y a de *destructeur* dans le concept occidental de *destruction créatrice*. Que l'idée de progrès au sens occidental se soit trouvée liée de façon aussi consubstantielle à l'idée d'un besoin de *destruction créatrice* reste un phénomène obscur, peu documenté, donc mal compris, nous laissant dans l'incapacité de désamorcer son potentiel suicidaire du point de vue écologique et anthropologique. Car en effet, que la *destruction créatrice* puisse être davantage affaire de *destruction* que de *création*, voilà ce qu'il est devenu impossible de concevoir dans les écoles de la mondialisation. C'est cette mythologie manifestement obsolète que le présent essai propose d'analyser : d'où vient-elle ? Par quel tour de force a-t-elle pu s'imposer dans les processus de la *création de valeur* au sens occidental ? Qu'est ce qui pourrait en infléchir le déploiement ?

D'où que l'on observe la situation et les perspectives du monde contemporain au début du XXIe siècle, on est frappé par la grande difficulté à articuler les avancées technologiques, économiques et sociales, tant au plan local qu'au plan mondial ; on est frappé par les horizons bouchés qui semblent se profiler au fond de plusieurs impasses stratégiques majeures pour la civilisation occidentale et, partant, pour l'ensemble de la planète. Plus nous fabriquons activement le monde, plus le monde nous échappe. Par un étrange abandon des sagesses millénaires qui avaient appris aux générations précédentes à occuper la Terre en *concessionnaires*, nous avons choisi depuis quelques siècles d'engager l'humanité dans une direction qui semble sans retour ; une direction qui avait dans un premier temps les allures d'un projet de construction d'une sorte de paradis sur Terre - un mirage dont on s'aperçoit aujourd'hui qu'il pourrait consister à façonner le décor d'un enfer terrestre pour les générations à venir.

On pourrait se dire qu'il en est ainsi pour le meilleur et pour le pire. Pour le meilleur, cela signifierait que nous devons garder confiance dans la capacité de la civilisation occidentale à trouver par l'innovation de nouveaux remèdes pour sortir l'humanité de ce qui ressemble aujourd'hui à des impasses mortelles ; cela pourrait aussi signifier que la réalité augmentée et le post humain, qui représentent la toile de fond de la pensée stratégique occidentale mondialisée, pourraient encore nous conduire vers de nouvelles voies d'émancipation ; en d'autres termes, cela signifierait que nous pouvons garder confiance dans la perspective d'un monde vivable, même si nous avons perdu la capacité à configurer ce monde à l'aide de la raison et de la sagesse. Pour le pire, cela signifierait qu'à l'issue de quelques décennies de nos jeux techno-libéraux avec les molécules, les atomes, les gènes, les bits, - avec les minéraux, végétaux, animaux et humains - dans des proportions industrielles et selon des stratégies arbitrées par les règles de la mondialisation financiarisée, - nous acceptons l'idée de mettre un terme à la poursuite de l'aventure humaine ; en d'autres termes, qu'à l'issue de quelques décennies d'une vie trépidante nos perspectives pourraient se réduire, l'espèce humaine s'effacer, laissant à quelques molécules ou bactéries survivantes à nos excès le soin de réinventer de nouvelles formes de vie terrestres.

Cet essai propose d'envisager que ce qui a représenté le virage, - ou l'accélération -, entre les conceptions libérales et néolibérales dans la seconde moitié du XXe siècle, c'est justement cette idée de Schumpeter que le développement de la civilisation occidentale pouvait se définir comme un processus de *destruction créatrice*.

Il est clair que la civilisation occidentale a donné un tel coup d'accélérateur au « développement » de la biosphère et de l'humanité qu'elle en a peut-être définitivement modifié les trajectoires. Les richesses cumulées de l'humanité au début du XXIe siècle seraient de 40 milliards de milliards de dollars[1] pour une population mondiale de 6 milliards d'individus, soit environ le double des richesses accumulées en 1980, vingt ans plus tôt, pour 4 milliards d'individus ; soit dix fois plus environ que la richesse accumulée en 1950 pour deux milliards et demi d'individus ; soit environ 50 fois plus qu'en 1800, c'est-à-dire à la naissance du « progrès », pour un milliard d'habitants. Avant 1800 les richesses cumulées de l'humanité paraissent négligeables au regard des montants actuels. Il s'est produit un véritable emballement de la civilisation en Occident au début du XIXe siècle. La transformation du monde a pris une tournure industrielle qui a acquis durant le XIXe et jusqu'à nos jours une envergure toujours plus planétaire. La chimie, la thermodynamique, l'électricité ont produit une accélération brutale, à l'échelle de l'histoire, du processus d'humanisation. C'est à cette échelle de temps que nous allons essayer de saisir toute la puissance, et éventuellement les limites, de l'idée de destruction créatrice.

Jusqu'à un passé récent, il était inutile de chercher à faire des prévisions sur une très longue durée, par exemple à horizon 2050, ou 2100, ou encore 2500. Il faut dire que rien ne l'exigeait. Si un être humain vivant au XVe siècle avait souhaité se représenter le monde de l'an 2000, c'eut été par pure envie de se distraire, car rien à son époque ne rendait nécessaire ce type d'exercice. Le monde était illimité, dans le temps et dans l'espace, c'était une affaire entendue. La nature des activités humaines n'avait aucun rapport avec le devenir de ce monde. L'homme était redevable de ses actes devant Dieu ou devant la société, mais pas devant le monde lui-même. Les lois de la nature

---

[1] Source : graphique Wikipedia Commons, Evolution du PIB de l'an 1 à 2003.

étaient certes écrites en langage mathématique, mais cela n'impliquait aucune responsabilité humaine vis-à-vis de l'état du monde. Ce principe de totale disponibilité de l'avenir à l'égard de l'homme est en train de disparaître ; ce principe devient contreproductif dans le monde d'aujourd'hui. Nos choix stratégiques actuels et toutes leurs implications, volontaires et involontaires, influent déjà profondément sur le futur à moyen et long terme, tant au travers des déchets radioactifs, de la création de nouveaux matériaux et de chimères, de la destruction d'espèces endémiques, du changement climatique, des pollutions de diverses natures. Il devient clair que la pensée de court terme, qui est devenue le paradigme temporel commun à l'ensemble de la civilisation occidentale, ne présage rien de bon pour le XXIIe siècle, notamment au regard des enseignements de la mondialisation et de l'anthropocène. Les exigences d'anticipation qui en découlent sont gigantesques, quasi inimaginables. D'où le recours ici, par souci de lisibilité, au concept « BH22 » : s'interroger en 2017 sur les menaces et opportunités d'une orientation stratégique à « horizon BH22 » consistera dans cet essai à s'interroger sur les implications de cette stratégie pour l'état de la biosphère et de l'humanité aux alentours de 2117.

Justement, que peut-il se produire d'ici le début du XXIIe siècle ? Que fera l'humanité des formidables potentialités offertes par ses dernières avancées dans les domaines de la physique, de la biologie, du numérique, pour ne citer que quelques exemples caractéristiques, et de leurs multiples applications technologiques ? Que fera-t-elle de ces potentialités dans le contexte du paradigme occidental actuel caractérisé par la recherche d'une innovation tous azimuts et d'une croissance économique forcenée ? Quelles sont les perspectives les plus rationnelles, sur le long terme, de ces potentiels ? Nous

nous dirigeons à horizon BH22, disent les démographes et les prospectivistes, vers une humanité d'environ 10 milliards d'individus qui fonctionnera comme un système hyper complexe, grâce à l'interaction de nombreux rouages de plus en plus déterminés par l'humanité elle-même, où jamais dans l'histoire de cette humanité les pouvoirs n'auront été aussi concentrés dans un nombre de mains aussi réduit. Ce vaste système, qui manifestement ne sait pas où il va, ressemble de plus en plus à un funambule qui s'avance, tremblant sur son fil tandis que l'obscurité croît, sans savoir si ce fil le conduira sur un morceau de terre ferme d'ici BH22. Nous sentons intuitivement que le processus industriel auquel est adossée l'économie contemporaine mondialisée est un vaste programme de transformation du monde, que ce programme menace de dévorer la planète entière, et qu'il ne sera pas facile d'envisager une vie humaine décente pour ces 10 milliards d'individus sur les décombres et rejets d'un processus qui modifie dès aujourd'hui certains des équilibres fondamentaux du vivant.

Nous quittons une *Première Modernité*, dit Ulrich Beck, faite de foi globale dans les bienfaits du progrès technicoéconomique au sens occidental du terme, et nous entrons dans « une *Deuxième Modernité* aux contours encore flous - définie par les crises écologiques et économiques globales, les inégalités accrues entre les nations, l'individualisation, la précarité du travail, et par les défis de la mondialisation culturelle, politique et militaire[2] ». La Première Modernité était celle au cours de laquelle nous construisions des objets et des outils sans conséquences inattendues. Il s'agissait de remplacer les anciens objets ou outils par de nouveaux, ne comprenant

---

[2] Ulrich Beck, *Pouvoirs et contre-pouvoirs à l'heure de la mondialisation*, p. 20.

que d'infimes modifications de fonctionnalité avec leurs prédécesseurs. Lors de la Première Modernité le recours à la science et à la technologie aboutissait à la meilleure solution avec évidence, l'optimum économique était à portée de main, on s'en rapprochait chaque jour. On pouvait tabler sur un progrès global dont l'orientation positive ne faisait pas de doute. A ce premier stade de développement, on a pu effectivement penser que la destruction était un processus globalement plutôt créateur. Mais depuis notre entrée dans la Deuxième Modernité, dit Beck, tout a basculé, de façon radicale : quoi que nous fassions, nous pouvons nous attendre à des conséquences surprenantes, inanticipables par nature. Des innovations en apparence simples induisent à présent des conséquences inattendues, car ces conséquences viennent s'ajouter à un tissu d'incertitude générale déjà très épais. Ceci est particulièrement vrai pour les innovations scientifiques et techniques, mais pas seulement pour elles ; les innovations financières, fiscales, réglementaires produisent des effets similaires. La science, la technique, le droit ne simplifient plus les problèmes depuis l'entrée dans la Deuxième Modernité, ils ajoutent plutôt une couche d'incertitude aux controverses écologiques, sociétales, éthiques et politiques. Tout se passe comme si, passé un certain stade de développement et d'amoncellement des productions humaines, les sociétés occidentales prenaient le chemin d'une catastrophe qui devient leur perspective la plus probable. C'est ainsi, dit Beck, que nous entrons dans la civilisation du risque. Notre nouveau challenge consiste à apprendre à gérer ce nouveau type d'incertitude. « La société mondiale du risque représente donc pour la civilisation une ère dans laquelle les décisions touchant à la vie des générations présentes, mais aussi futures, sont prises sur la base de ce défaut connu de connaissances[3]. »

On dit alors généralement que c'est toute notre conception de l'idée de progrès qui vacille. Mais c'est peut-être faux. C'est peut-être seulement cette idée du progrès qui a partie liée avec le mythe de la destruction créatrice qui pose problème. Car un virage s'est opéré avec la mutation du libéralisme classique en néo-libéralisme, dans la seconde moitié du XXe siècle. Il y concomitance troublante entre la propagation du concept de destruction créatrice, - ce moment très spécifique où les théories économiques ont cessé de viser *l'équilibre* pour viser le *développement,* comme nous le verrons -, et l'abandon de l'ambition de faire du progrès humain la pierre angulaire des politiques et stratégies devant matérialiser ce progrès.

L'origine de notre concept de progrès est situé dans l'espace et dans le temps. Il est né en Europe de l'Ouest avec la révolution scientifique, puis la révolution démocratique, enfin la révolution industrielle. On peut dire que l'idée de progrès a ouvert une nouvelle ère dans la mesure où elle a métamorphosé les horizons individuels et collectifs. Elle a initié l'histoire d'un progrès accessible à tous les hommes, d'une Histoire donc, sur l'ensemble de la planète. C'est de cette façon que la civilisation occidentale voyait l'avenir. C'est cette idée de progrès qui lui permettait de choisir, dans l'ensemble des futurs possibles, ceux qu'elle voulait « promouvoir à l'existence »[4]. La dernière grande tentative de renforcer

---

[3] Ulrich Beck, *op.cit.* p. 208.

[4] L'expression est de Gaston Berger, père fondateur de la prospective française d'inspiration humaniste. Berger a développé cette idée à partir de l'année 1955.

cette visée « humaniste » du progrès a été la Déclaration internationale des droits à vocation universelle de Philadelphie, datée du 10 mai 1944, c'est à dire de la fin de la seconde guerre mondiale, - mais avant la mise à jour de l'ampleur de la Shoah, des massacres de Staline, et avant l'utilisation de la bombe atomique à Hiroshima et Nagasaki. La déclaration de Philadelphie visait ouvertement le renforcement d'un ordre international qui ne serait plus fondé sur la force, mais sur le droit et la justice. Elle cherchait ouvertement à assurer le fait que les progrès techniques et économiques soient en mesure de se traduire par un progrès social. Il est même probable que les premiers penseurs néolibéraux aient eu en ligne de mire ce type d'ambition, nous y reviendrons en détail dans le premier chapitre de cet essai. En effet, on peut comprendre rétrospectivement que les horreurs mentionnées ci-dessus, toutes d'origine idéologique ou politique, aient conduit à une surdétermination du besoin de mettre les populations à l'abri des dérèglements du politique - avec surdétermination en parallèle de la capacité d'un marché mondial à jouer un rôle efficace de régulateur des destins planétaires. Mais c'était bien avant que la pensée néolibérale n'aboutisse à la gabegie planétaire que nous avons sous les yeux au début du XXIe siècle, avec accroissement des inégalités entre les hommes sur fond de destruction des milieux de vie terrestre. Car vu d'aujourd'hui, il est frappant de constater à quel point le texte de la déclaration de Philadelphie, et particulièrement son article II[5], se situe à l'opposé exact des thèses

[5] En accès libre sur le Web (et repris ici en annexe). Extraits de l'article II : « tous les êtres humains, quels que soient leur race, leur croyance ou leur sexe, ont le droit de poursuivre leur progrès matériel et leur développement spirituel dans la liberté et la dignité, dans la sécurité économique et avec des chances égales ; la réalisation des conditions permettant d'aboutir à ce résultat doit constituer le but central de toute politique nationale et internationale ; tous les

néolibérales qui inspirent les politiques et les économies nationales et internationales depuis les années 1980[6].

Bien loin d'aboutir à une quelconque création, il apparait que ce type de destruction opère plutôt une soustraction ontologique. Le processus industriel ainsi conçu représente une soustraction opérée par l'homme à l'ordre naturel. La destruction, créatrice ou non, est d'abord une dégradation ontologique. Ce sont les capacités du marché, c'est-à-dire le niveau de la demande solvable, par addition des fabrications contemporaines techniquement réalisables, qui déterminent les contours de ce nouveau monde. Aucune autre téléologie ici que celle de la demande des marchés et des capacités de production et de distribution à l'échelle de la planète. C'est ainsi que le progrès conçu comme destruction créatrice abouti à la conception du monde comme *résidu*. Résidu de l'ensemble des processus culturels, techniques et commerciaux qui composent l'économie libérale mondialisée. Aucune incitation à prendre soin d'un tel résidu. Dans le domaine de la biologie la priorité est d'optimiser l'agencement des gènes et des espèces, pas de s'interroger sur la résilience du vivant. Dans le domaine de l'énergie la priorité est de maximiser l'utilisation du fossile et de l'atome, pas de s'interroger sur l'état du nouveau monde qui peut en résulter à horizon BH22. Avec le numérique la priorité est d'archiver le génome des espèces que l'on détruit, pas d'en préserver l'existence

---

programmes d'action et mesures prises sur le plan national et international, notamment dans le domaine économique et financier, doivent être appréciés de ce point de vue et acceptés seulement dans la mesure où ils apparaissent de nature à favoriser, et non à entraver, l'accomplissement de cet objectif fondamental… ».

[6] Voir à ce sujet l'analyse d'Alain Supiot tout au long de son livre : *L'esprit de Philadelphie*.

physique. Et avec la *convergence* de ces technologies[7], la priorité est d'imaginer toutes les possibilités de transformer le monde et de viser le posthumain. Un ensemble de résidus ainsi conçu, sur fond de destruction créatrice, peut-il constituer un monde ? Il est probable qu'un monde conçu comme résidu sera sans véritable avenir : le futur ne correspondra plus ici qu'à la projection du présent, affecté du seul indice de variation admis par l'innovation telle qu'elle aura été formatée par l'utilité au sens marchand.

L'objet de cet essai est d'envisager l'idée que, depuis la Déclaration de Philadelphie de 1944, la civilisation occidentale a « officiellement » perdu l'ambition de faire profiter l'humanité de ses progrès. La thèse développée ici examine l'hypothèse que les perspectives apocalyptiques qui accompagnent notre entrée dans l'anthropocène résultent en premier lieu de cet abandon - abandon dont il reste alors à comprendre l'origine. Que par un prodigieux tour de force une civilisation toute entière, la plus puissante de toutes au plan technique et économique, ait pu s'accorder depuis un demi-siècle sur l'idée qu'une stratégie de *destruction* pourrait être d'abord *créatrice*, voici le mystère que le présent essai cherchera à éclaircir. « Suffirait-il » que notre idée du progrès soit déconnectée de l'idéologie de la destruction créatrice pour retrouver le chemin d'une émancipation collective soutenable sur le long terme ? Ce n'est peut-être pas la totalité de notre idée du progrès qui vacille, mais seulement sa composante

[7] En référence aux programmes technologiques de type NBIC, visant la « convergence » entre les Nanotechnologies, les Biotechnologies, l'Informatique et la Connectique dans le but d'augmenter les capacités humaines.

destructrice. Tant que nous restons bercés par l'illusion d'une possible destruction créatrice, l'anéantissement restera notre *destin*. Mais naturellement, si l'hypothèse d'une perversion de la rationalité occidentale par le biais de cette destruction créatrice était vérifiée, ce destin pourrait être réinterrogé. Notamment, la crise écologique dans laquelle nous plongeons à grande vitesse serait éclairée d'un jour nouveau, et il deviendrait peut-être envisageable d'en infléchir le cours.

1. Le souffle initial du néolibéralisme

Le plus illustre représentant des politiques néolibérales est TINA. Car TINA, ce rejeton précoce du néolibéralisme, a la vie dure. Né au début des années 1980 dans les coulisses du gouvernement Thatcher, *There Is No Alternative* se porte à merveille. Il est dans la force de l'âge. TINA signifie, naturellement, qu'il n'y a pas d'alternative au néolibéralisme selon les dirigeants politiques qui prennent le pouvoir à cette époque, à la fois au Royaume-Uni avec Margaret Thatcher et aux États-Unis avec Ronald Reagan. TINA a été le plus fort argument des néolibéraux pour justifier les privatisations et déréglementations qui déstabilisèrent tant les économies qu'elles ont restructurées dans les dernières décennies du XXe siècle. On expliquait alors que rien ne pouvait rivaliser avec le néolibéralisme en matière d'efficacité économique et, partant, pour l'intérêt bien compris de l'humanité. Nous en sommes toujours là au début du XXIe siècle, avec de très légères nuances. TINA reste actuellement le justificatif en dernier recours de toutes les politiques d'ajustement structurel ainsi que de toutes les stratégies inspirées par les marchés financiers.

Aujourd'hui, soit un demi-siècle après son introduction sur la scène mondiale, ou environ 30 ans après la naissance de TINA, il s'agit d'abord de s'interroger sur « l'étrange survie du néolibéralisme[8]» ; sur son impressionnante capacité de résistance alors qu'il malmène si ouvertement la biosphère et l'humanité ; sur la force avec laquelle il a relégué le politique au rang de simple domestique ; sur la surprenante puissance qu'il dégage, au point de s'imposer comme la pensée

---

[8] Colin Crouch, *L'étrange survie du néolibéralisme*, [2005], Diaphanes, 2016.

dominante, la source ultime de légitimité de toute stratégie et de toute politique, dans le monde entier. Paradoxalement on accuse facilement le libéralisme, et plus encore le néolibéralisme, souvent sans avoir bien compris de quoi il s'agit. Le néolibéralisme serait porteur de tous les maux actuels de la civilisation occidentale ; il s'agirait de l'abandonner ou de le contraindre pour éviter ses implications négatives. Mais il est indispensable de bien comprendre d'abord les raisons de ses succès afin de mieux identifier ses véritables lacunes et responsabilités.

Les mauvaises critiques du néolibéralisme

On dit que le néolibéralisme transforme les organisations traditionnelles, qu'il bouleverse l'ordre social, qu'il fragilise les institutions publiques que sont l'école, le droit, la famille, l'État, qu'il modifie le fonctionnement du monde. Le néolibéralisme viserait la dilution et l'atomisation sociale, la perte des acquis sociaux, la décomposition des sociétés : en clair il serait un repoussoir face auquel il s'agirait de reconstruire du lien social, du sens, du collectif, du vivre ensemble. Mais, à nous en tenir là, nous passerions à côté de la possibilité de comprendre ce qui a pu donner au néolibéralisme son élan exceptionnel depuis le milieu du XXe siècle. Et nous nous priverions peut-être de mieux identifier les leviers grâce auxquels nous pouvons envisager de le reprendre en main.

Dans ce contexte d'ailleurs la gauche ne va pas au fond de ces questions : elle se contente souvent de prêcher des valeurs d'égalité, d'équité ou de solidarité. Elle invite à une répartition plus juste des fruits de la croissance, mais sans s'interroger sur les implications de cette croissance. Au contraire, elle sous-entend le plus souvent que la priorité reste d'assurer une économie en expansion, toutes les couches sociales étant appelées à profiter de cette croissance par effet de ruissellement. Pour les tenants de cette gauche libérale, les programmes de soutien à la croissance économique demeurent l'infrastructure la plus solide du bien commun. C'est bien là que réside le problème, immense, à résoudre. Car cette pensée laisse ouverts tous les compromis imaginables avec le futur : au nom de quoi une telle pensée pourrait-elle questionner les orientations fondamentales du néolibéralisme ? Cette pensée intègre petit à petit l'idée qu'il suffit d'être en mesure de produire n'importe quoi, toujours plus, pour assurer au mieux le bien-être de ses concitoyens. Tant qu'existent des consommateurs pour consommer et des créations d'emplois à la clé, il n'est nul besoin de s'interroger sur les implications des stratégies que l'on va mettre en œuvre.

D'autant qu'il ne suffit pas d'être critique vis-à-vis du néolibéralisme, il faut essayer de comprendre ce qui lui a donné son impulsion et sa force initiales. Il faut s'imposer de penser la positivité du néolibéralisme. Il faut se demander pourquoi les néolibéraux ont pu faire du marché un bien si précieux qu'ils ont cherché à l'étendre jusqu'à des zones d'activité humaine où l'on estime aujourd'hui être confrontés à des risques suicidaires pour l'ensemble de la civilisation occidentale. Bien sûr on peut considérer qu'il s'agit, en grande partie, de la simple idéologie d'une classe dominante qui ne vise qu'à préserver ses propres acquis. Avec pour preuve le fait que les inégalités ne cessent de s'accroître à la mesure du déploiement de cette idéologie, illustrant ainsi l'idée que le néolibéralisme a pour principal objectif de renforcer les privilèges des classes au pouvoir. Ce serait certainement manquer l'essentiel, à savoir la tradition intellectuelle qui a eu pour ambition de faire avancer les débats, dans les domaines de l'économie bien sûr mais également de la sociologie, de la philosophie, de l'histoire. Le néolibéralisme n'a pas été seulement l'idéologie d'une classe dominante ; cela n'aurait certainement pas suffi à lui donner le souffle extraordinaire autour duquel se cristallisent aujourd'hui les déploiements, ainsi que les dangers, de l'économie mondialisée.

Il existe plusieurs variantes et nuances de néolibéralisme, mais selon ses fondamentaux, le marché est nettement plus capable que les pouvoirs politiques de résoudre les problèmes liés aux besoins des êtres humains tout au long de leur existence. Le libéralisme classique, tout comme les fascismes et communismes qui lui ont été contemporains, reposait sur des systèmes politiques clairement dirigistes. Le néolibéralisme tient le politique pour responsable des dérives de ces systèmes et propose de laisser la main invisible du marché opérer les arbitrages socio-économiques constitutifs de l'existence humaine contemporaine. Il faut donc commencer par reconnaître et comprendre la grande richesse philosophique et politique de l'ambition libérale, et tenter d'en mesurer les implications probables à l'horizon du XXIIe siècle.

Le projet de domination de la nature a débuté bien avant le capitalisme, vraisemblablement dès que les peuples sont devenus sédentaires et ont inventé et déployé des outils efficaces. Notons qu'il est aussi possible de détruire son environnement sans être capitaliste. Nombre de civilisations se sont révélées capables de détruire leur environnement bien avant l'avènement du capitalisme, comme l'ont montré entre autres les habitants de l'Ile de Pâques. De même à horizon BH22 nous pouvons aisément imaginer une société très avancée du point de vue technologique, qui aurait trouvé un moyen politique d'organisation non capitaliste, mais serait capable de détruire son environnement au moyen ou en raison d'un accident chimique, nucléaire, génétique… ou tout simplement pour des motivations intellectuelles ou religieuses. Pourtant il est indispensable de confronter une réflexion sur l'avenir à long terme de l'humanité aux logiques économiques : les forces économiques à l'œuvre sont au début du XXIe siècle d'une telle puissance qu'elles représentent un cadre de pensée hors duquel rien ne semble concevable.

L'histoire nous apprend que le libéralisme est né en réponse à la folie politique ou religieuse qui a longtemps consisté à dresser les hommes les uns contre les autres dans une conception générale qui veut que l'homme soit un loup pour l'homme. Le libéralisme est né chez les philosophes d'abord pour combattre l'arbitraire du pouvoir et les horreurs causées par les guerres de religion. Et il s'est révélé une arme puissante contre ces maux séculaires. Dans la conception des libéraux tels Hume, Locke ou Stuart Mill, la liberté cherchait à se frayer une voie *contre* le politique et *contre* le pouvoir. A l'origine le pouvoir pour les libéraux n'était pas conçu comme quelque chose que l'on devrait partager en alliant nos forces avec d'autres. Il s'agissait de défendre des libertés individuelles contre des pouvoirs qui, régulièrement, envoyaient les citoyens au bûcher ou à la guerre. L'État n'était pas conçu comme le garant de quoi que ce soit pour les hommes du XVIIIe siècle. Il représentait plutôt une menace contre laquelle il s'agissait d'apprendre à s'autonomiser et se défendre.

Il est clair que nous n'en sommes plus là au début du XXIe siècle. Le libéralisme semble avoir perdu aujourd'hui son potentiel subversif et émancipateur pour servir de justificatif au *statut quo* de certains dispositifs technicoéconomiques planétaires qui sont bien loin de viser prioritairement le bien-être de l'humanité. Pourtant, c'est encore cette ambition émancipatrice qui était à l'origine de la pensée néolibérale telle qu'elle a été conçue au milieu du XXe siècle. En effet, le néolibéralisme a d'abord été perçu comme une parade contre la montée des totalitarismes ; la force prodigieuse qu'il a conquise par la suite reste incompréhensible tant que l'on n'a pas mesuré toutes les implications de cette ambition initiale.

Prenons ici par exemple le fil des analyses de Karl Polanyi. Elles restent instructives, au début du XXIe siècle, à plusieurs égards. Polanyi analyse la montée des dictatures totalitaires dans les premières décennies du XXe siècle, dans de nombreux pays et non seulement en Allemagne, en Italie et en Russie, comme une forme d'échec de l'État libéral en tant qu'organisation de la production fondée sur des marchés libres. Ces dictatures y substituèrent de nouvelles formes d'économies, mettant un terme chacune à leur manière à l'organisation de leurs nations sur le mode libéral. L'économie libérale, dit-il, a imprimé à nos idéaux une fausse direction. On s'était fait des illusions avec l'idée d'un *homo economicus*, d'un individu qui serait fondamentalement *rationnel*, en imaginant une société formée uniquement par le vouloir de l'homme. Pour bien comprendre les intérêts et limites de la pensée néolibérale actuelle, il faut rappeler l'originalité de la pensée libérale *classique* qui l'avait précédée.

C'est le machinisme industriel, explique Polanyi, qui a tout modifié : tant que la machine n'était qu'un appareil peu productif et peu coûteux, elle n'avait pas modifié les équilibres ancestraux entre l'homme et son milieu de vie. « Jusqu'à la fin du XVIIIe siècle, la production industrielle, en Europe occidentale, fut un simple appendice du commerce[9]. » Puis, avec l'avènement du machinisme industriel, c'est-à-dire l'invention de machines et d'installations complexes, spécialisées et produisant en grandes séries, la relation du marchand traditionnel avec la production s'est trouvée profondément modifiée. La production industrielle cessa d'être un élément secondaire du commerce, elle impliquait alors des investissements de long terme, avec les avantages et les risques y afférents. Puis, progressivement, selon la célèbre thèse de Polanyi, ce n'est plus l'économie qui restait, comme dans toutes les civilisations antérieures, *enchâssée* dans la vie des sociétés, c'est l'inverse qui est advenu, et là réside la grande originalité des temps modernes : « la société était devenue sur toute la ligne un appendice du système économique... Une foi aveugle dans le progrès spontané s'était emparé des esprits, et les plus éclairés parmi eux hâtèrent avec le fanatisme des sectaires un changement social sans limites et sans règles »[10]. Personne n'avait annoncé le capitalisme. Personne n'avait imaginé une société fondée sur le machinisme et sur la recherche du gain individuel. C'est une véritable lame de fond qui a balayé en quelques décennies le vieux monde. A la veille de la plus grande révolution industrielle de l'histoire, dit Polanyi, on n'apercevait aucun signe, aucun présage de cette révolution.

Il est intéressant de se remémorer ces analyses car il existe un parallélisme troublant, vu d'aujourd'hui, entre les menaces induites par la mondialisation au début du XXe siècle, telles que les a si finement analysées Polanyi, et les

[9] Karl Polanyi, *La grande transformation. Aux origines politiques et économiques de notre temps*, p. 125.

[10] *Ibid*, p. 126-127.

menaces telles que nous les percevons au début du XXIe siècle. Polanyi voit à la fin du XIXe siècle poindre les limites du marché autorégulateur : une sorte de fanatisme libéral, à la fois machinique, industriel, commercial et financier, menaçait selon lui de dissoudre l'homme, les sociétés humaines et la nature dans l'immense marché mondial autorégulé qui était en train d'écraser toutes les organisations sociales ancestrales sous son extraordinaire expansion tout au long du XIXe siècle. Et Polanyi décrit l'avènement des totalitarismes comme des tentatives de reprendre la main, certes avec les résultats catastrophiques que l'on connait *a posteriori*, du politique sur l'économique. « Si, d'un côté, les marchés se répandirent sur toute la surface de la planète et si la quantité des biens en cause augmenta dans des proportions incroyables, de l'autre côté, tout un réseau de mesures et de politiques fît naître des institutions puissantes destinées à enrayer l'action du marché touchant le travail, la terre et la monnaie. Tandis que l'organisation des marchés mondiaux des marchandises, des capitaux et des devises, sous l'égide de l'étalon-or, donnait une impulsion sans égale au mécanisme des marchés, un mouvement naquit des profondeurs pour résister aux effets pernicieux d'une économie soumise au marché. La société se protégea contre les périls inhérents à un système de marché autorégulateur : ce fut la caractéristique d'ensemble de l'histoire de cette époque. »[11]

On ne peut s'empêcher de faire le lien entre ces analyses de Polanyi, la façon dont il percevait les implications potentiellement destructrices du libéralisme classique, les « solutions » que l'histoire a trouvées pour répondre à ces menaces, et la façon dont nous pouvons percevoir ces mêmes implications destructrices en régime

[11] *Ibid*, p. 127.

néolibéral, à l'ère de l'anthropocène. Explosion du nombre de pauvres, accroissement simultané de la plus grande pauvreté et de la plus grande richesse, destruction des équilibres sociaux traditionnels, dépendance financière à l'égard de l'étalon-or, destruction des milieux naturels étaient selon Polanyi les principales menaces qui grandissaient au rythme du développement du *marché mondial autorégulateur*. Certes, les fascismes du XXe siècle n'ont apporté aucune solution acceptable face à ces menaces, mais ces menaces n'ont pas disparu. Elles sont toujours là, certainement croissantes depuis la redécouverte de la finitude des ressources de la biosphère. Elles ont parfois de nouveaux noms : menaces écologiques, risques systémiques ; ou des noms plus précis : réchauffement climatique, dépendance à l'égard du nucléaire… et les risques de fascismes qui pointent ne sont plus seulement idéologiques ou totalitaristes, comme au début du XXe siècle : des fascismes de type technologique, eugéniste, écologique, religieux ne sont pas à exclure à horizon BH22. La production, disait Polanyi en des termes que nous pouvons reprendre aujourd'hui mot pour mot, particulièrement à l'ère du numérique, est l'interaction de l'homme et de la nature. Si ce processus doit être organisé selon les règles d'un marché dépourvu de toute transcendance, alors il faut faire entrer l'homme et la nature dans l'orbite de ce marché ; ils doivent être eux aussi soumis aux règles de l'offre et de la demande, être traités comme des marchandises, des produits destinés à la vente, des motifs *d'accroissement de la valeur*, dira-t-on plus tard en régime néolibéral. « L'économie de marché, si on la laissait libre d'évoluer selon ses propres lois, allait entrainer de grands maux, et des maux définitifs. »[12] Et c'est pour se protéger de ces maux

[12] *Ibid*, p. 194.

typiquement libéraux que les masses occidentales se sont laissées hypnotiser par les idéologies totalitaires qui ont dû, sous des formes diverses, leur paraître globalement rassurantes. Pour Polanyi, la privation totale de liberté promue par les fascismes est le résultat mécanique de la philosophie libérale, qui prétendait que le pouvoir politique et la contrainte représentent le mal, et que la liberté exigeait leur dissolution complète dans les communautés humaines. Selon des analyses qui interpellent fortement aujourd'hui encore, il perçoit que l'obstruction faite par les libéraux au début du XXe siècle à toute réforme comportant planification, réglementation et dirigisme a rendu mécaniquement inévitable le remplacement des politiques libérales par des programmes fascistes qui, eux, proposaient des actions fortes contre le laissez-faire libéral et les menaces qu'il incarnait alors. D'autant que « les classes commerçantes ne possédaient pas d'organe pour percevoir les dangers impliqués par l'exploitation de la force physique des travailleurs, la destruction de la vie familiale, la dévastation des milieux, le déboisement, la pollution des rivières, la déqualification, la rupture des traditions populaires et la dégradation générale de l'existence… » car elles adoptaient « …une croyance presque sacrée dans le caractère universellement bénéfique du profit »[13].

[13] *Ibid*, p. 197.

L'assimilation nazisme-communisme-keynésianisme

On commence alors à entrevoir pourquoi, chose étrange, les libéraux ont été amenés au milieu du XXe siècle à associer totalitarisme, communisme et keynésianisme dans leur bataille idéologique. Ces notions renvoient aujourd'hui pour nous à des réalités très différentes. Mais il n'en était pas de même au sortir des deux guerres mondiales qui ont failli précipiter l'Occident dans l'effondrement. Car le totalitarisme, et plus précisément le national-socialisme, n'était pas perçu par les libéraux comme un simple accident de l'Histoire. Ils étaient nombreux à le considérer comme une sorte d'aboutissement plus ou moins naturel de la forme de capitalisme en vigueur à partir de la fin du XIXe siècle dans les principales nations occidentales. Pour certains analystes, l'Italie, et plus encore l'Allemagne, avaient surtout l'inconvénient d'être en avance sur les autres dans la matérialisation de ce destin totalitaire.

Que les analyses du socialiste chevronné Polanyi convergent sur ce point avec celle du néolibéral Hayek doit retenir notre attention. Pour Hayek, il faut partir de l'idée que les totalitarismes qui se sont imposés en Allemagne et en Russie ne sont pas apparus par hasard. Leur émergence n'est que le symptôme de ce qui pourrait se reproduire dans toutes les démocraties occidentales. Elle résulte d'un long processus d'incubation dont il faut chercher la source dans la manière de conduire l'État, le droit, la politique ainsi que l'économie. Pour Hayek les ferments du totalitarisme résident dans le rejet même du libéralisme. C'est dans la critique de l'individualisme, dans les utopies collectivistes, dans l'ambition de substituer au jeu du libre marché l'autorité d'une instance de commandement national que siège le point de départ de tous les totalitarismes, explique Hayek, qui identifie ici totalement la base doctrinale du communisme et celle du national-socialisme. Pour lui, c'est lorsque ces idées anti-libérales commencent à se diffuser dans les sociétés, lorsque les milieux intellectuels et culturels cherchent à les légitimer, lorsque les États se les approprient, que s'annonce « la route de la servitude ». La politique économique des nazis, analyse Hayek, a représenté une façon de subordonner l'économie à la politique ou à la société globale telles qu'ils la concevaient.

Au sortir de la seconde guerre mondiale le coup de force des néolibéraux a donc consisté à mettre dans le même sac le nazisme, le communisme, voire le keynésianisme[14], à titre de totalitarismes en germe, et de les présenter ensemble, dans une sorte de communauté de pensée, comme les ressorts profonds des pires horreurs politiques du XXe siècle. Le totalitarisme n'est pas derrière nous, laissaient entendre les néolibéraux au sortir de la guerre, il est devant nous, il va continuer à progresser et à se répandre si nous ne nous attaquons pas énergiquement à ses germes les plus virulents qui ont pour nom planification, contrôle de l'économie par l'État, centralisation, sécurité sociale, politique fiscale volontariste. Le néolibéralisme plonge donc d'abord ses racines dans une volonté obstinée de s'opposer aux nouveaux totalitarismes qui avaient laissé l'Europe à feu et

---

[14] Pour Polanyi également, pourtant éminent promoteur de la nécessité d'une protection sociale forte, il « y avait une ressemblance entre les régimes naissants, le fascisme, le socialisme et le New Deal, mais elle tenait uniquement à leur abandon des principes du laissez-faire ». Polanyi, *Ibid.*, p. 331.

à sang au milieu du XXe siècle. Les néolibéraux expriment une sorte de haine du collectivisme dont on doit comprendre les ressorts. « Nous avons toutes les raisons de supposer, dit Hayek, que les manifestations les plus répugnantes des systèmes totalitaires actuels ne sont pas des sous-produits accidentels, mais bien des phénomènes que le totalitarisme produit inévitablement tôt ou tard[15]. »

L'hydre totalitaire se cache pour Hayek dans toute manifestation d'un quelconque point de vue collectif. Comme par exemple dans cette remarque qu'il cite d'un ministre de la justice nazi, qui demandait, à propos d'une nouvelle théorie scientifique : « Est-ce que je sers par là le national-socialisme pour le plus grand profit de tous ? ». Il faut prendre au sérieux ces aberrations, dit Hayek, si incroyables qu'elles paraissent, et ne pas les traiter comme de simples « accidents, des sous-produits du système qui n'auraient rien à voir avec le caractère essentiel du totalitarisme. Elles sont tout autre chose. Elles dérivent du même désir de voir diriger chaque chose par *une conception d'ensemble du tout*[16] ». Hayek parle d'une « tragédie de la pensée collectiviste ». « Elle procède de la conception qui met la raison au-dessus de tout et aboutit à la dégradation de la raison parce qu'elle méconnait le processus dont dépend le développement de l'intelligence. Nous touchons là au paradoxe de toute doctrine collectiviste, de son exigence d'un contrôle *conscient*, d'un planisme *conscient*, ce qui impose inévitablement le pouvoir absolu d'un individu[17]. » Pour Hayek le national-socialisme n'est pas une simple révolte contre la raison, ni un mouvement irrationnel sans fond conceptuel. Il est au

[15] Friedrich A. Hayek, *La route de la servitude*, [1946], PUF, 1985, p. 100.
[16] *Ibid*, p. 118.
[17] *Ibid*, p. 120.

contraire l'aboutissement d'une longue évolution de la pensée qui a voulu mettre le collectivisme au centre de ses objectifs, « un collectivisme dépouillé de tous les vestiges de la tradition individualiste qui aurait pu en empêcher la réalisation. » Le vers du totalitarisme est dans le fruit de toutes les pensées collectivistes.

Il est inutile de nous attarder sur la légitimité d'une bataille contre le nazisme. En revanche il est plus intéressant de comprendre pourquoi le socialisme est aussi, chez Hayek un exemple de repoussoir. Le socialisme, dit-il, est né en réaction au libéralisme de la Révolution Française. Il a été dès le début franchement autoritaire. Le fond de pensée des écrivains français qui ont posé les fondations du socialisme est, selon Hayek, l'idée que le socialisme ne pourrait être vraiment mis en pratique que par un gouvernement dictatorial. Selon lui les fondateurs du socialisme ne faisaient pas mystère de leurs intentions à l'égard de la liberté. La liberté de pensée, notamment, a été pour eux source de tous les maux tout au long du XIXe siècle. C'est la lecture qu'il fait de Saint-Simon par exemple. Laissons de côté la question de la légitimité d'un tel point de vue, concentrons-nous sur ses implications en matière de projet d'organisation sociale : nous avons là l'origine de l'obsession néolibérale qui cherchera à privilégier, en toutes circonstances, les intérêts individuels par rapport à toute contrainte collective. Nous y reviendrons.

Il est encore plus troublant de saisir le motif de la haine néolibérale à l'égard du keynésianisme, alors même que Hayek est très sensible aux questions d'inégalités et très combatif vis-à-vis des risques de monopole. Dans *La route de la servitude,* « Lord Keynes » est cité en exergue du chapitre « les totalitaires parmi nous » pour illustrer « l'impression alarmante qui se dégage de quelques ouvrages anglais sur les idées dominantes en Allemagne » dans le premier tiers du XXe siècle. En vérité, « on ne pourrait pas trouver une page du livre d'Hitler que quelqu'un en Angleterre n'ait pas proposée pour notre propre usage[18] » dit Hayek avec les thèses keynésiennes en ligne de mire. Tout programme politique d'assistance, de solidarité ou de redistribution est pour Hayek contre-productif dans ses effets et représente un marchepied pour les totalitarismes de tous poils. « Un mouvement qui promet avant tout de nous enlever toute responsabilité ne peut être qu'antimoral dans ses effets, quelle que soit l'élévation morale qui lui a donné naissance[19]. » Ce que les libéraux avanceront fortement, à la suite d'Hayek, c'est que les politiques interventionnistes d'inspiration keynésiennes, qui ont été déployées entre les années 1930 et 1960, c'est-à-dire avant et après la seconde guerre mondiale, auraient engendré une sorte de crise du libéralisme. Crise dans laquelle se seraient engouffrés les fascismes et socialismes avant la guerre, crise dans laquelle les démocraties occidentales pourraient glisser à l'issue de la seconde guerre mondiale si rien n'était fait pour l'endiguer énergiquement. Economie dirigée, planification, interventionnisme d'État, avec Keynes en adversaire doctrinal majeur, sont les cibles privilégiées des néolibéraux qui voient dans ces intentions typiquement politiques autant de manifestation d'un totalitarisme rampant. Hayek précise le point de conflit entre liberté individuelle et collectivisme tel qu'il le perçoit. « Les divers genres de collectivisme, communisme, fascisme, etc., diffèrent entre eux par la nature du but vers lequel ils

[18] *Ibid*, p. 134.

[19] *Ibid*, p. 153.

veulent orienter les efforts de la société. Mais ils diffèrent tous du libéralisme et de l'individualisme en ceci qu'ils veulent organiser l'ensemble de la société et toutes ses ressources en vue de cette fin unique, et qu'ils refusent de reconnaître les sphères autonomes où les fins individuelles sont toutes-puissantes. En bref, ils sont totalitaires au véritable sens de ce mot nouveau que nous avons adopté pour définir les manifestations inattendues mais inséparables de ce qu'en théorie nous appelons collectivisme[20]. »

Dans *La Naissance de la Biopolitique*, Michel Foucault a prolongé ces analyses. Le néolibéralisme, dit-il, a consisté à présenter le nazisme comme le prolongement naturel de toute politique interventionniste. Et non comme un accident historique ou une excroissance monstrueuse. « Je dirai que le coup de force théorique, spéculatif, des néolibéraux allemands devant ce système nazi a été de ne pas dire, comme la plupart des gens disaient à l'époque, et surtout les keynésiens bien sûr : ce système économique que les nazis mettent en place, c'est une monstruosité… Ils disent : le nazisme, c'est une vérité[21]. » Les néolibéraux ont d'abord étendu cette analyse à la situation anglaise, critiquant le plan Beveridge des années 1943-44, explique Foucault, en le présentant comme la préparation d'une politique nazie pour l'Angleterre. Le nazisme, disent les néolibéraux, n'est rien d'autre que l'aboutissement d'une croissance indéfinie du pouvoir étatique. En passant, ou non, par une période de dépérissement de l'État avant récupération par la figure d'un totalitarisme qui aura beau jeu de se présenter comme le seul recours possible devant la perspective d'effondrement d'une nation.

[20] Friedrich A. Hayek, *op. cit.* p. 47.

[21] Michel Foucault, *Naissance de la biopolitique*, Gallimard, Seuil, p. 113.

Actes de naissance et idéaux néolibéraux

Les actes de naissance du néolibéralisme sont relativement clairs. Ce courant de pensée est né principalement suite aux travaux de deux économistes bien connus : Friedrich Von Hayek, l'un des concepteurs de l'ordo-libéralisme allemand, prix Nobel d'économie en 1974, et Milton Friedman, éminent représentant de l'école de Chicago, principal centre d'élaboration des idées néolibérales dans le monde, lui aussi prix Nobel, en 1976. Mais leurs idées se sont répandues bien avant cette reconnaissance institutionnelle. La Société du Mont Pèlerin, crée en 1947, a représenté une des principales instances de l'offensive critique du keynésianisme et de la régulation de l'économie et de l'intervention de l'État, au nom d'une certaine supériorité économique et morale du marché libre.

La pensée néolibérale consiste à proposer de faire entrer un maximum de réalités concrètes dans le giron du marché. Il s'agit de promouvoir une véritable politique de la concurrence dévolue à la propagation de la forme-marché. Le libéralisme classique voulait maintenir un écart entre l'économique et le politique, il visait à la coexistence pacifique de ces deux rationalités, marchande et politique, avec léger ascendant, en cas de besoin d'arbitrage, sur la motivation politique. Le néolibéralisme, à l'inverse, veut subordonner la rationalité politique à la raison économique. L'État passe sous surveillance du marché, pourrait-on dire, et ceci afin de le préserver de toute tendance de construction de quelque idéal que ce soit, ce dernier ayant de trop fortes probabilités de dissimuler un projet à terme totalitaire. « Pour le néolibéralisme, analyse Foucault, le problème n'était pas du tout de savoir, comme le libéralisme du XVIIIe siècle, comment, à l'intérieur d'une société politique toute donnée, on pouvait découper, ménager, un espace libre qui serait celui du marché. Le problème du néolibéralisme, c'est au contraire de savoir comment on peut régler l'exercice global du pouvoir politique sur les principes d'une économie de marché. Il ne s'agit donc pas de libérer une place vide, mais de rapporter, de référer, de projeter sur un art général de gouverner les principes formels d'une économie de marché[22]. »

Le néolibéralisme s'oppose à l'attitude qui consiste à promouvoir le collectif, le commun, au détriment de l'individu, du particulier. Fondamentalement il s'agit pour le néolibéralisme de remettre en cause le projet global des Lumières, projet de constitution de la société autour d'idées unifiantes et de la notion d'intérêt général. En fait le néolibéralisme s'attaque plus vigoureusement à la notion d'intérêt général qu'aux projets socialistes, communistes ou dirigistes, quels qu'ils soient. Il veut réinterroger l'intérêt de construire quelque chose qui soit de l'ordre de la communauté. Il récuse l'idée que la politique aurait à penser un projet d'édification d'une entité supra individuelle. Au contraire, les néolibéraux visent à déconstruire ces cadres de pensée afin de mettre en exergue leur caractère problématique, souvent totalitaristes selon eux. Pour Hayek notamment, les discours qui font référence à ces notions sont travaillés par des pulsions d'ordre et de contrôle, par une volonté de contrôler les conduites individuelles, par une intention de corseter la diversité des plans de vie au nom d'exigences faussement *supérieures*. Face à ces mythes dangereux du monde commun, ou de l'intérêt général, il faut sans cesse repartir de la pluralité du monde social et culturel.

---

[22] *Ibid*, p. 150-151.

Concrètement les principaux faits d'arme du néolibéralisme se résument aux grandes étapes suivantes : aide au renversement du gouvernement marxiste chilien de Salvador Allende et participation à la mise en place de la politique néolibérale radicale de Pinochet, avec délégation sur place de plusieurs économistes de l'école de Chicago[23] au début des années 1970 ; inspiration directe de la politique économique du gouvernement britannique de Margaret Thatcher en 1979 et son fameux TINA, avec abandon des politiques pro-keynésienne menées par son parti depuis la fin de la seconde guerre mondiale, remplacé par un programme fait de privatisations d'envergure, d'un État réduit à sa plus simple expression et d'une fiscalité plus avantageuse pour les catégories sociales élevées ; enfin introduction l'année suivante, en 1980, d'une version encore plus épurée de cette politique néolibérale aux États-Unis suite à l'élection de Ronald Reagan, avec dérégulations massives de l'économie, particulièrement dans le secteur financier. En parallèle, l'OCDE, qui recommandait jusqu'alors traditionnellement à ses États membres de pratiquer des politiques économiques d'inspiration keynésienne, par stimulation de la demande, se mit à promouvoir les vertus de l'économie de marché dérégulée. A partir de la fin des années 1970, l'OCDE se mit à prôner la privatisation des entreprises et services publics, et suggéra l'importation des pratiques managériales du secteur privé dans le secteur public, avec mesure et suivi des performances sur le modèle *économique*. Dans le même temps, la Banque mondiale finançait de moins en moins facilement les projets publics des pays en voie de développement et recentrait ses aides en direction des projets d'investissements privés.

[23] Cf. l'analyse de Noami Klein, *La stratégie du choc*.

Les politiques publiques, qui depuis la reconstruction d'après-guerre s'étaient attachées à protéger l'emploi, se trouvaient progressivement coupées des moyens d'assurer cet objectif. Selon les tenants du néolibéralisme, ce genre de pratique ne pouvait qu'inviter à l'inflation : en suscitant un soutien artificiel de la demande, disaient-ils, c'est l'ensemble des prix qui étaient tirés vers le haut, sans contrepartie réelle, donc avec des risques de récession brutale. C'est ainsi que l'OCDE elle-même, plus tard, notamment à partir de l'émission de son *Etude sur l'emploi* de 1994, s'était-elle aussi mise à inviter clairement au démantèlement du droit des salariés. Suivie par l'Union européenne, qui avait soutenu jusqu'à la fin du XXe siècle l'idée d'un modèle social européen fait de la combinaison d'une économie concurrentielle avec de solides droits sociaux, prenant ainsi, elle aussi, un virage franchement néolibéral au début des années 2000. Il y avait même eu désynchronisation « officielle » du progrès économique et du progrès social dès la création de l'OMC en 1994. Le préambule de l'accord de Marrakech instituant l'OMC affirmait orienter le commerce vers « l'accroissement de la production et du commerce de marchandises et de services ». Il invoque certes, précise Mireille Delmas Marty, « le relèvement des niveaux de vie, la réalisation du plein-emploi et d'un niveau élevé et toujours croissant du revenu réel et de la demande effective », mais à titre d'objectif secondaire, derrière l'optimisation du libre-échange. « Il ne s'agit pas d'isoler le marché, mais de lui donner la priorité : cet objectif est soutenu par le FMI et la Banque Mondiale, qui ont pris l'habitude d'évaluer les droits nationaux selon des critères économiques au détriment des droits sociaux. Lancés en 2004 par la Banque mondiale pour comparer les systèmes de droit, les premiers rapports D*oing business* considèrent le droit du travail comme une entrave à l'investissement, qualifiant de *rigidité*, de *difficultés* et de *coûts* les règles de protection des salariés et infligeant des points de pénalité aux États qui accordent trop de droits aux salariés[24]. »

Il s'agit donc fondamentalement, pour les néolibéraux, de déconstruire les visions totalisantes du monde social. On cherche moins à construire un nouveau monde qu'à se protéger d'un risque de dérive du monde présent vers le totalitarisme. Il s'agit de désindexer la réflexion sur le monde et sur les organisations sociales de toute référence transcendante, qu'elle soit juridique, politique, sociologique, voire religieuse. Comme l'explique Foucault, le monde selon les néolibéraux est par essence désorganisé et la théorie néolibérale veut désamorcer à la source toute possibilité de regard « central, totalisateur, surplombant ». L'individu est le principe suprême du monde des néolibéraux. « *L'homo economicus* est le seul îlot d'une rationalité possible à l'intérieur d'un processus économique dont le caractère incontrôlable ne conteste pas, mais fonde, au contraire, la rationalité du comportement atomisant de l'*homo economicus.* Ainsi, le monde économique est par nature opaque. Il est par nature intotalisable. Il est originairement et définitivement constitué de points dont la multiplicité est d'autant plus irréductible que cette multiplicité même assure spontanément en fin de compte leur convergence. L'économie est une discipline athée ; l'économie est une discipline sans Dieu ; l'économie est une discipline sans totalité ; l'économie est une discipline qui commence à manifester non seulement l'inutilité, mais l'impossibilité

[24] Mireille Delmas Marty, *Résister, responsabiliser, anticiper*, Seuil, 2013, p. 38

d'un point de vue souverain sur la totalité de l'État à gouverner[25]. »

On peut prolonger la réflexion et avancer l'idée que les néolibéraux ne cessent de s'opposer à l'attitude qui consiste à accorder tout simplement un pouvoir significatif à la pensée. L'idée d'une toute puissance de l'intellect provenait des Lumières. Ce sont les Lumières qui avaient avancé l'idée de dessiner un modèle de société, puis de l'édifier conformément à un plan dessiné par l'esprit. Les Lumières refusaient de reconnaître toute limite à la raison. Hayek se moque ouvertement de cette idée de « planifier la civilisation ». Elle légitime selon lui un narcissisme intellectuel qui porte les philosophes ou les savants à se penser comme les centres du monde, seuls capables d'une vision englobante de la société. Pour Hayek la liberté individuelle est incompatible avec la suprématie d'un objectif unique auquel une société serait subordonnée. Il prône le respect à l'égard du présent, du réel, du concret, et d'autrui. « L'individualisme est donc une attitude d'humilité à l'égard du processus social et de tolérance devant les opinions d'autrui ; c'est l'attitude exactement opposée à la confusion intellectuelle qui est à la base de l'exigence d'une direction totale du processus social[26]. »

Dans *La stratégie du choc*, Noami Klein a proposé une lecture du néolibéralisme très éloignée de ces ambitions humanistes des pères fondateurs de la pensée néolibérale. Elle a explicité les processus de déploiement du néolibéralisme le plus sauvage, celui qui marque les esprits par les désordres qu'il impose aux sociétés qu'il inspire. Quand un choc aux conséquences économiques importantes se produit, explique Klein, à la suite par

---

[25] *Ibid*, p. 285-286.

[26] Friedrich Hayek, *Op. cit.* p. 120.

exemple d'une catastrophe naturelle ou d'un coup d'État, les gouvernements néolibéraux, tirant parti de l'état de sidération ou de privation des populations concernées, imposent leurs programmes néolibéraux, souvent à l'aide des institutions internationales comme la Banque mondiale ou le FMI, promettent des prêts en échange du rachat d'actifs dépréciés, d'entreprises publiques bradées et de suppression de services publics. Après le test chilien au début des années 1970 tout a été mis en œuvre pour étendre cette conception néolibérale la plus brutale, au travers de l'idéologie parfois nommée « Consensus de Washington », toujours sous le prétexte de freiner la puissance de ces États dont il s'agit de contraindre la tendance au totalitarisme. Ainsi ont été promus à grande échelle dans plusieurs pays du globe, désengagement de l'État puis privatisation des entreprises publiques, réduction des impôts sur les hauts revenus et augmentation de la TVA, qui touche tous les consommateurs de façon indistincte, suppression des barrières douanières, réduction des services et budgets sociaux. C'est de cette façon que le libre-échange s'est imposé à la planète entière, éliminant au passage tous les types de régulation économique et sociale précédant le néolibéralisme. Considérant que ce libre-échange serait le seul moyen d'apporter la prospérité au monde entier, chacun étant censé obtempérer sans discuter. Car cette stratégie devait susciter un « ruissellement » tel que la fortune de quelques-uns ne devait pas être considérée comme trop importante ou illégitime, puisqu'elle représentait la source des profits à venir pour tous, par un effet de cascade dont on s'aperçoit aujourd'hui qu'il ne fonctionne pas. Et ceci, notons-le au passage, au moment où le Club de Rome commençait à rendre publique l'idée que ce type de développement était totalement insoutenable à l'échelle de la planète.

Le coup d'État mondial du néolibéralisme

L'individu est la cellule de base de la pensée politique d'Hayek, et le régime de la concurrence représente le plus solide principe organisateur des sociétés démocratiques libérales. Il dépense beaucoup d'énergie à faire la distinction entre son opposition au planisme et toute attitude de *laissez-faire dogmatique*, selon sa propre expression. « Pour que la concurrence puisse jouer un rôle bienfaisant, une armature juridique soigneusement conçue est nécessaire. »[27] Néanmoins Hayek interprète les mouvements de son temps en faveur du planisme (Gosplan soviétique ou Plan à la française dans les années d'après-guerre) comme des tentatives d'entrave à la concurrence en tant que telle. Il rappelle ces mots de Mussolini en exergue de son chapitre sur le *planisme inéluctable* : « Nous avons été les premiers à affirmer que plus les formes de civilisation sont compliquées, plus la liberté individuelle doit être restreinte ». Aux antipodes de ce point de vue, Hayek cherche de toutes ses forces à contrer cette idée selon laquelle le progrès technique rendrait le planisme inévitable.

Dans cette optique la concurrence est le meilleur moyen de coordonner les efforts individuels. Le libéralisme « considère la concurrence comme supérieure non seulement parce qu'elle est dans la plupart des cas la méthode la plus efficace qu'on connaisse, mais plus encore parce qu'elle est la seule méthode qui permette d'ajuster nos activités les unes aux autres sans intervention arbitraire ou coercitive de l'autorité. En vérité, un des arguments principaux en faveur de la concurrence est

---

[27] *Ibid*, p. 33.

qu'elle permet de se passer de *contrôle social conscient* et qu'elle donne aux individus une chance de décider si les perspectives d'un métier donné sont suffisantes pour compenser les désavantages et les risques qu'il comporte. »[28] La liberté individuelle de pouvoir acheter ou vendre est perçue par les néolibéraux comme le plus solide rempart contre les autoritarismes collectifs de toute sorte, qui représentent autant de totalitarismes en germe. Certes, la préservation de la concurrence n'est pas incompatible avec un système de services sociaux, mais ces services sociaux doivent eux aussi pouvoir être soumis aux bienfaits du régime concurrentiel. Hayek, au milieu du XXe siècle, se défend de l'idée qui veut que la concurrence puisse être *aveugle*. Au contraire, dit-il, dans la mesure où « l'humanité ne dispose pas d'un étalon moral », c'est bien l'expression d'une concurrence pleine et entière qui sera le meilleur garant d'une liberté partagée entre les hommes. « Partager ou décentraliser le pouvoir, c'est en diminuer la force absolue : seul le système de la concurrence est capable de réduire, par le moyen de la décentralisation, le pouvoir exercé par l'homme sur l'homme[29]. »

Tout l'enjeu de sa réflexion consiste à imaginer les règles d'une société de progrès qui ne déboucherait pas nécessairement sur le totalitarisme. En mettant en exergue les libertés individuelles et le régime de la concurrence, il pense laisser le champ libre à tous les progrès futurs, imprévisibles. « Le progrès technique moderne ne contient rien qui nous oblige au planisme économique total, dit-il ; il contient par contre beaucoup de choses qui rendent

[28] *Ibid*, p. 33.

[29] *Ibid*, p. 106.

infiniment plus dangereux le pouvoir dont disposerait l'autorité maîtresse du plan. »[30]

Dans ses cours sur la *Naissance de la biopolitique,* Michel Foucault montre comment la rationalité économique au sens néolibéral, notamment les idées de *marché* et *d'homo economicus*, a représenté un instrument critique suffisamment puissant pour remettre en cause les modèles traditionnellement portés par la Loi, le Droit, l'Intérêt général, et les collectifs en règle générale. C'est grâce à ces notions que le néolibéralisme, selon Foucault, introduit une rupture dans l'histoire de la pensée. A partir des années 1980, la critique néolibérale de l'État a imposé le raisonnement marchand comme un instrument d'appréciation de la pertinence des politiques publiques. Elle a monté une sorte de « tribunal économique permanent » des gouvernements afin de porter des évaluations, à propos de chacune des politiques envisagées, selon les critères du marché et de la libre concurrence. Il ne s'agit plus de demander à l'État de « laisser faire » le marché, comme le prônait la conception libérale, il s'agit avec ce néolibéralisme de partir en permanence du point de vue du marché pour questionner la validité des choix gouvernementaux ; de partir du marché pour « interdire » certaines politiques dont l'efficacité économique ne serait pas avérée. « La grille économique va pouvoir, doit pouvoir permettre de tester l'action gouvernementale, jauger sa validité, permettre d'objecter à l'activité de la puissance publique ses abus, ses excès, ses inutilités, ses dépenses pléthoriques. Il s'agit de filtrer toute l'action de la puissance publique en termes de jeu d'offre et de demande, en termes d'efficacité sur les données de ce jeu, en termes de coûts impliqués par cette intervention de la puissance publique dans le champ du

[30] *Ibid*, p. 44.

marché. Il s'agit en somme de constituer par rapport à la gouvernementalité effectivement exercée une critique qui ne soit pas une critique simplement politique, qui ne soit pas une critique simplement juridique. C'est une critique marchande, le cynisme d'une critique marchande opposée à l'action de la puissance publique[31]. »

Disséquons encore les constituants de ce coup de force introduit par le néolibéralisme. Depuis Adam Smith, dit Foucault, l'analyse économique se définissait par son objet : elle étudiait les mécanismes de la production et de la consommation des richesses. Elle déployait des dispositifs d'analyse de l'investissement, de l'organisation du travail, de la consommation, de la monnaie, - des dispositifs centrés sur l'analyse d'une portion de l'activité économique au sens global. Au contraire, ou en prolongement, le néolibéralisme s'est donné comme projet d'analyser l'ensemble des comportements humains. Dans sa conception néolibérale, l'économie est devenue la science des choix rationnels : se marier, avoir des enfants, construire ou non une maison, poursuivre des études, prendre soin de sa santé, préparer sa retraite, tout cela doit se décrypter à l'aune de la rationalité économique promue au rang de quasi philosophie de l'existence. L'ambition du néolibéralisme a été de proposer le modèle de *l'homo economicus* comme grille de lecture de tous les acteurs et de toutes les stratégies. En régime néolibéral on devient fautif d'avoir omis de calculer la *rentabilité* d'un projet avant de l'exposer à des tiers.

D'un certain point de vue, il s'agit d'un véritable coup d'État mondial qui a été accompli, sans bruit, par le néolibéralisme. Il ne vise pas seulement à limiter le pouvoir du politique : « Jusqu'à un certain point, il le

[31] Michel Foucault, o*p. cit.* p. 252-253.

déchoit. Il le fait entrer en déchéance[32] ». La rationalité néolibérale démystifie, disqualifie le politique. Il intronise la raison du moindre gouvernement comme principe d'organisation de la raison d'État elle-même. La volonté politique de représenter le peuple perd aux yeux des néolibéraux toute autorité particulière. Aucun gouvernement ne peut prétendre incarner, mieux que la rationalité économique, la volonté générale. Elle ne conservera une certaine valeur que pour autant que ses gains seront supérieurs à ses coûts. On perçoit immédiatement quel impact cette pensée aura sur les concepts d'obéissance ou de respect de l'autorité : dans le fond *homo economicus* n'a aucun maître, il est ingouvernable. Il a perdu les réflexes et les capacités de se plier à une discipline collective. Il est tout entier centré sur la recherche de son meilleur intérêt personnel. On pressent ici l'émergence d'un problème fondamental pour affronter les enjeux de civilisation du XXIe siècle. Si 7 milliards d'individus sont éduqués pour prioriser leur intérêt individuel, par quel moyen pourra-t-on les mobiliser autour des questions climatiques, environnementales, génétiques, entre autres, qui exigent des réponses non seulement collectives, mais également concertées à l'échelle planétaire ? Et d'abord, comment la sensibilité de ces individus aux questions collectives peut-elle rester suffisamment vivace pour percevoir ce type de problème et la portée de ces problèmes ? Foucault nous aide ici à comprendre à quel point les sociétés contemporaines fonctionnent à la réaction, à la résignation, à la négativité. Au frein plutôt qu'à l'accélérateur. Il nous aide à comprendre pourquoi les gauches occidentales ont perdu leur capacité d'initiative politique : elles n'ont pas encore réussi, comme le néolibéralisme a réussi à le faire, à

---

[32] Michel Foucault, *op. cit.* p. 296.

inventer un mode de questionnement non politique du politique. Foucault n'énonce pas de solution claire vis-à-vis de nos enjeux contemporains de civilisation. Mais il nous rappelle à quel point la naissance de nouvelles pratiques émancipatrices, qui voudraient doubler le néolibéralisme, est conditionnée par notre capacité à sortir des cadres juridiques et politiques classiques qui ne peuvent finalement que susciter réactions et régressions.

Libéralisme et totalitarisme

Dans un autre registre, la chute du mur de Berlin en 1989 et l'effondrement de ce qui fut à la fois un espoir de changement, une vision du monde et un programme étatique n'en finit pas de révéler ses implications. On dirait que sans hypothèse révolutionnaire, les démocraties libérales ont perdu leur espace politique et culturel le plus naturel. L'effondrement du communisme continue de propager ses effets collatéraux. Ses orphelins sont finalement nombreux, dans diverses contrées du monde. C'est en fait la dernière expression d'une radicalité affirmative d'envergure planétaire qui a sombré avec le mur de Berlin, laissant l'idéologie néolibérale se déployer en roue libre, sans opposition réellement stimulante pour imaginer des voies de sortie de ses impasses stratégiques pourtant bien visibles, notamment depuis l'avènement de l'anthropocène. Les grandes figures de la politique en Occident, les grands projets collectifs et les plus grandes capacités d'intervention dans les affaires des États ont eu pour nom république, colonisation, socialisme, communisme, libération nationale. Le néolibéralisme est en train d'acquérir ce statut : il fait office de quasi philosophie de l'existence, il mobilise l'essentiel des fonctions régaliennes pour son service, pour l'encadrement et la promotion de ses activités. Mais non, finalement, la fin du communisme n'était pas « la fin de l'histoire », comme l'avait présentée Francis Fukuyama dès 1992[33]. Fukuyama voyait cette fin de l'histoire comme le déploiement tranquille du libéralisme économique sur l'ensemble de la planète, une « mondialisation finale » en quelque sorte, la philosophie du *doux commerce* étendue au monde entier, pour le présent et pour les temps à venir. Mais il n'y a finalement rien d'heureux ni de tranquille dans cette fin-là. Le néolibéralisme comme principe d'organisation est tout aussi belliqueux que ses prédécesseurs. Ce qui change vraiment, peut-être de façon tout à fait nouvelle, c'est la disparition des horizons collectifs durables. La réflexion sur les risques l'emporte sur les utopies. L'idée d'une trajectoire humaine individuelle et collective potentiellement intelligible, éventuellement maitrisable, s'est évanouie. C'est un horizon tragique qui devient la toile de fond de la civilisation occidentale. Le néolibéralisme, devenu pensée unique en même temps que principe d'organisation sociale, interdit ou absorbe toute pensée alternative, et semble dramatiquement incapable de se nourrir de ses propres limites, même lorsqu'il nous conduit à grande vitesse au fond de certaines impasses stratégiques irréversibles.

Mais tandis que dans le modèle keynésien qui avait prévalu durant les Trente Glorieuses, c'est-à-dire durant les trois décennies qui ont fait suite à la seconde guerre mondiale, le capitalisme régulé et les marchés du travail strictement contrôlés avaient permis la construction d'acquis sociaux significatifs et une forte réduction des

---

[33] Francis Fukuyama, *La fin de l'histoire et le dernier homme*, Essais, 1992.

inégalités dans les pays développés (certes pas au niveau mondial), la période néolibérale suivante allait entamer un retournement de ces tendances. Avec destruction des acquis sociaux, sanctuarisation d'un chômage endémique et accroissement des inégalités, tendances accentuées par les politiques publiques, ou ce qu'il en reste, de droite comme de gauche. Comme si l'ensemble du spectre politique s'était déplacé vers la droite, certainement parce que les destins individuels et collectifs sont inextricablement mêlés aux évolutions des marchés financiers dont le fonctionnement, hautement sensible à la volatilité, créait d'énormes concentrations de richesses, nécessairement très inégalitaires. Suite à la crise de 2008 on en vient alors à cette intuition paradoxale : peut-être le néolibéralisme n'a-t-il jamais représenté un modèle d'organisation économique efficient. Loin de prospérer hors des cadres étatiques le néolibéralisme a plutôt très conjoncturellement profité de toutes les externalités positives qui lui ont été offertes sur un plateau par des États-nations très différents les uns des autres, à l'échelle planétaire, où il a pu puiser gratuitement quantité de ressources naturelles et culturelles dont il s'est nourri abondamment. Lui qui revendique si fort son besoin d'autonomie du politique pour assurer la paix sur terre et la meilleure répartition possible des richesses, peut-être n'est-il en état de fonctionner qu'au prix d'un enchâssement dans un tissu de relations sociales et politiques qui lui préexistent, et qui doivent lui résister pour garantir sa propre survie et celle de l'humanité.

Car le dispositif néolibéral interroge au cœur même de ce qui représente son terrain de prédilection : le terrain de l'efficacité économique. D'un certain point de vue, il est dès à présent en situation d'échec : il a montré ses limites dans des proportions surprenantes lors de la dernière grande crise financière, en 2008, avec faillite des institutions privées, notamment les banques, et appel en catastrophe auprès des États pour corriger leurs erreurs et subvenir à leurs besoins financiers. Crise qui pointe directement les limites d'un pouvoir économique n'ayant de comptes à rendre à personne. Crise qui confirme le vieil adage qui veut que « privatiser les profits et socialiser les dettes » est la stratégie payante en régime néolibéral. Tant que la situation était calme, les banques s'engageaient dans des opérations risquées, au besoin par la titrisation ou la dissimulation de leurs risques, sachant que si la situation venait à se tendre, ces banques étaient devenues trop grosses et puissantes pour que les États puissent les laisser tomber, - ces États viendraient donc à leur secours. Quand on constate que rien n'a changé suite à cette catastrophe de 2008 en termes de gouvernance des principaux acteurs de la mondialisation, on mesure à quel point la civilisation occidentale néolibérale est arrivée à un point de cécité qui peut remettre en question sa propre capacité de survie.

M'interrogeant à horizon BH22, je ne sais pas si le capitalisme néolibéral doit être renversé ou s'il doit intégrer simplement la perspective du long terme. Il ne faut pas exclure qu'un capitalisme renouvelé, attentif aux inégalités ainsi qu'aux implications à long terme de ses stratégies puisse représenter le meilleur système d'organisation à l'échelle mondiale. Le libéralisme en soi ne représente pas un crime - même si de nombreux criminels à sa tête mériteraient de sérieuses sanctions. Le principal problème dans la perspective de longue durée tient au fait qu'en régime néolibéral les principaux acteurs de la mondialisation, les pays, les entreprises, sont laissés devant leurs responsabilités, sans règles de conduite claires, abandonnés au devoir de chercher à l'aveuglette, chacun de leur côté, la formulation de stratégies politiques et économiques pertinentes et soutenables sur le long terme. C'est l'efficacité économique en général, et la rentabilité financière en particulier, qui ont accaparé le monopole de la pertinence à l'ère de la mondialisation. Au risque d'effacer l'horizon BH22. Il s'agit d'imaginer les axes d'une stratégie mondiale alternative, qui fasse de la longue durée le point de départ de ses évaluations.

Il est pour nous totalement incongru, au début du XXIe siècle, d'assimiler État-providence, sécurité sociale, solidarité sociale et régime totalitaire. C'est pourtant la crainte d'une forte connexion entre ces concepts qui est à l'origine de l'apparition du néolibéralisme tel qu'il se déploie aujourd'hui sous nos yeux. Il était nécessaire de rappeler les éléments historiques qui ont validé cette apparition. Il nous faut faire l'effort d'en comprendre les ressorts si l'on veut être en mesure d'en proposer une réinterprétation, une réorientation. Les sociétés modernes s'étaient dotées de la capacité de construire l'avenir. Elles l'ont abandonné en cours de route, laissant les fondations de cet avenir se dessiner sous l'égide du marché, au gré des innovations marketing et des hasards de la consommation de masse. Elles ont laissé leur avenir se construire au hasard des petites tyrannies consuméristes du présent. Pourquoi ? Comment en est-on arrivés là ? Nos stratégies commerciales et industrielles ont des conséquences qui se répercutent pour les siècles à venir, mais nos échelles de valeur restent collées au présent ou au très court terme. Qu'est-ce qui peut bien fonder cette courte vue éthique et politique, mais aussi stratégique, sur nos responsabilités vis-à-vis de nous-mêmes et de nos enfants ? L'essor économique extraordinaire des dernières décennies s'est acquis au prix de profondes désorganisations sociales. Il a largement modifié nos vues sur l'homme et la société. Et ces vues déformées représentent un obstacle pour la résolution des enjeux de civilisation tels qu'ils se présentent aujourd'hui à nous. Il s'agit de repenser une manière de vivre qui soit compatible avec l'objectif, aujourd'hui menacé, de survie de l'humanité. L'idée d'un marché unique, au sens néolibéral, paraît taillée pour détruire l'homme et la nature, anéantir l'humanité et son milieu de vie.

Observer les caractéristiques des pratiques libérales ou néolibérales en s'interrogeant sur leurs possibles implications sur longue durée conduit à plusieurs rappels importants. Le libéralisme est profondément imprégné des idées de liberté individuelle, de refus des contraintes collectives, d'échanges selon les règles d'un marché en théorie ouvert à tous. Et il s'est nourri, historiquement, depuis la fin du XVIIIe siècle et plus encore au sortir de la seconde guerre mondiale, de l'idée d'échapper aussi longtemps que possible au retour toujours menaçant des totalitarismes de toutes sortes. Ces rappels suffisent pour interdire de concevoir les décennies à venir en oubliant certaines des idées libérales et néolibérales. Mais pour combattre le diable du totalitarisme, la pensée néolibérale a dû passer un pacte avec un autre diable, dont nous commençons à percevoir la présence menaçante pour la préparation des échéances BH22 : le diable d'un pouvoir économique exorbitant, affranchi du pouvoir politique. Ce nouveau diable envisage de passer l'histoire et l'avenir de la biosphère et de l'humanité à la moulinette de ses calculs d'utilité et de ses processus de création de valeur au sens financier du terme, quels que soient les dégâts écologiques et anthropologiques prévisibles. Ce diable ne semble pas en mesure de pouvoir s'arrêter avant d'avoir fait subir des dommages irréversibles tant à la biosphère qu'à l'humanité. Les néolibéraux, dans leur lutte acharnée pour l'établissement de libertés individuelles irréfragables, dans leur combat des totalitarismes de toute nature, n'avaient pas prévu que l'économie elle-même pouvait se muer en totalitarisme. Personne n'étant en charge de tenir les comptes écologiques et sociétaux des développements de l'après-guerre, l'Occident s'engagea résolument dans un programme de croissance technico-économique guidé par des entrepreneurs privés. Personne n'a saisi qu'il s'agissait là d'une démission de l'homme vis-à-vis de lui-même et de son propre avenir. Personne, pendant un demi-siècle, dans les sphères dirigeantes des plus grandes entités économiques mondiales, n'a jugé bon de revenir sur ce postulat. Seuls quelques intellectuels récalcitrants manifestaient parfois leurs doutes sur le bien-fondé de cette stratégie néolibérale. Le premier rapport du Club de Rome, en 1972, en présentant la première véritable alerte sur les possibilités d'une croissance infinie dans un monde fini, avait eu par effet de surprise un retentissement mondial extrêmement vif. La réponse qui lui a été concoctée par les milieux économiques et politiques a été toute aussi violente : les auteurs du rapport ont essuyé une panoplie impressionnante de critiques invitant à ne surtout pas émettre ce type de doute. On leur a objecté principalement que les ressources naturelles étaient infinies, qu'ils devaient l'admettre même si leur myopie les empêchait d'en prendre conscience, et qu'en cas de manquement de l'une ou l'autre des ressources naturelles vitales pour l'humanité, un équilibre serait trouvé automatiquement grâce au mécanisme de l'ajustement des prix à la hausse ou à la baisse en fonction des stocks disponibles sur les marchés mondiaux. Que dans le pire des cas, il fallait faire confiance au génie humain pour mettre au point tout produit de substitution nécessaire en cas de pénurie durable. Le moment le plus cocasse de cette réaction a été l'établissement du fameux rapport d'Heidelberg, rapport dans lequel, quelques semaines avant le sommet de la Terre de Rio en 1992 et pour rassurer les marchés mondiaux face aux communications alarmistes de certains mouvement altermondialistes, environ 250 intellectuels de renommée mondiale, dont 70 récipiendaires du prix Nobel dans différentes disciplines[34], ont d'une seule voix, en un court texte d'une page, rappelé très explicitement qu'il ne fallait surtout pas douter des bienfaits de l'ordre libéral tel qu'il se déployait alors sous nos yeux. Ils invitaient tout aussi clairement à faire confiance au génie scientifique humain pour trouver toutes les solutions nécessaires en cas de légers à-coups dans la marche générale du monde vers le progrès.

✠✠✠

Dans leur effort pour autonomiser la sphère économique et la rendre aussi indépendante que possible du politique, les néolibéraux n'avaient pas anticipé que mondialisation et financiarisation allaient engendrer un monstre dont nous voyons, à l'ère de l'anthropocène, qu'il précipite la civilisation occidentale toute entière vers un risque d'effondrement, sans moyen apparent de modifier cette trajectoire funeste. Mur écologique qui se rapproche, accroissement des inégalités transformant la planète en pétaudière, extinction de plusieurs ressources non renouvelables. Ce nouveau diable nous incite à utiliser et promouvoir quotidiennement des concepts puissants, véritables moteurs du néolibéralisme, dont nous ne

---

[34] Les chiffres divergent selon les sources. Cf. Wikipédia « appel de Heidelberg » pour comprendre la genèse, le déroulement, ainsi que les interprétations différentes de cet appel.

percevons pas spontanément les implications dévastatrices sur le long terme : doux commerce, développement économique, main invisible du marché, régime concurrentiel, destruction créatrice. Ces concepts nourrissent en sous-main l'idéologie globale du progrès au sens néolibéral, progrès qui s'avère avoir finalement toutes les caractéristiques d'un nouveau totalitarisme. Un totalitarisme qui cherche à imposer à la planète entière, sans débat démocratique ni encadrement juridique ou éthique, ses pratiques de réalité augmentée et de posthumanisme et leurs multiples dérivés : nucléaire, OGM, géo ingénierie climatique, numérisation du vivant.

Il y a donc eu quelque chose de libérateur, d'émancipateur qui s'est construit autour du néolibéralisme. Il suffit de relire *La route de la servitude* pour mesurer toute l'ambition portée par les développements de Hayek. Nous sommes à mille lieues d'une recherche de maximisation de l'intérêt des seuls entrepreneurs. A tort ou à raison, le néolibéralisme s'est voulu l'initiateur d'une nouvelle politique émancipatrice. Hayek cite les propos d'un historien, Bernard Berenson, qui montrent à quel point la crainte des totalitarismes, et par assimilation les projets étatiques, pouvait imprégner les faits et gestes au sortir de la seconde guerre mondiale. « Dieu sait si je crains la destruction du monde par la bombe atomique, mais il y a au moins une chose que je crains autant, qui est l'invasion de l'humanité par l'État. » Mais ce que les néolibéraux n'avaient pas prévu, c'est la mutation de leur propre doctrine en processus totalitaire, qui plus est d'envergure mondiale. Nous avons aujourd'hui, dans les premières décennies du XXIe siècle, à opérer le même type de révolution socioéconomique que nos parents et grands-parents ont dû réaliser à l'issue des deux guerres mondiales qui ont failli précipiter la civilisation occidentale dans l'effondrement. Nous avons, à l'entrée dans l'anthropocène, à redessiner les contours d'un nouveau projet de civilisation, comme ont dû le faire les sociétés occidentales à leur entrée dans ce qui deviendra, ensuite, les Trente Glorieuses. Nous avons aujourd'hui à combattre l'hydre anthropocène comme nos parents ont dû combattre l'hydre totalitarisme.

2. Obsolescence des mythologies occidentales

Un pressentiment est de plus en plus répandu : nous sommes à la veille d'une période, vraisemblablement assez longue, de convulsions, affrontements, bouleversements technoscientifiques, biologiques, climatiques, sociopolitiques et même anthropologiques de grande ampleur. La Banque Mondiale, le FMI, l'OCDE, et jusqu'au forum financier de Davos, l'expriment ainsi. Mais tous font semblant de croire qu'il suffit de retrouver la croissance pour y échapper, au besoin avec quelques mesures fiscales, monétaires et douanières, pour accélérer l'avènement de cette croissance. Il serait suicidaire de penser qu'il suffit de ces quelques mesures pour nous orienter vers un monde plus écologique, généreux, durable. Aucune de ces mesures n'est susceptible de rouvrir l'avenir de la civilisation occidentale. Il faudra envisager d'autres dispositifs pour y parvenir. Mais en attendant il est nécessaire d'aller au bout, au moins théoriquement, de la logique libérale en déploiement, car la façon dont elle se déploie n'est que rarement bien comprise. Or, tant que cette logique n'est pas comprise, nous resterons dans l'incapacité d'apporter une réponse à la hauteur de sa puissance. Tant que l'on pense, ou que l'on feint de penser, qu'il suffit de mesurettes pour sortir des impasses actuelles de la civilisation, rien de sérieux ne sera mis en œuvre pour sortir de ces impasses, et nous continuerons à avancer sans filet vers le fond de l'anthropocène.

La rationalité occidentale est étroitement corsetée par quelques mythes qui dynamisent les stratégies des principaux acteurs de la mondialisation. Or, depuis notre entrée dans l'anthropocène, plusieurs mythes fondateurs des stratégies technico-économiques occidentales apparaissent plus clairement : les mythes de la *main invisible* du marché, d'une possible *destruction créatrice*, d'un *développement*, ou encore d'une capacité de *réingeniering* global de la réalité, humaine et non humaine. Croyances tellement fortes dans les démocraties libérales qu'elles inspirent la majeure partie des décisions des principaux acteurs de la mondialisation, en occultant toute analyse alternative sérieuse, ou toute tentative de projection sur longue durée.

Main invisible du marché, doux commerce et fabrique du diable

Adam Smith est l'initiateur du concept de la *main invisible* du marché[35], c'est-à-dire de l'idée qu'il existe un processus naturel par lequel la recherche par chacun de son intérêt personnel suffit à assurer l'intérêt général de la société. En conséquence, a expliqué Smith, la poursuite de l'intérêt individuel a pour effet d'aboutir à la meilleure organisation économique possible au niveau des nations ; encourager les comportements égoïstes est finalement la meilleure stratégie globale au niveau national, car les individus seront alors conduits à leur insu par la « main invisible » du marché, mécanisme autorégulateur qui garantira, grâce à la mise en concurrence, l'utilisation optimale des ressources naturelles et productives. La postérité de cette idée allait être exceptionnelle. C'est

---

[35] Adam Smith, Recherches sur la nature et les causes de la richesse des nations, [1776], Le concept cité est développé notamment dans le Tome IV, Chapitre II. Il est certain qu'une lecture attentive de Smith conduit à modérer la croyance de Smith lui-même à ce mécanisme. Il n'empêche, l'histoire s'est emparée de ce concept et lui a procuré une postérité exceptionnelle, ce concept étant encore très vivace aujourd'hui dans les théories libérales et néolibérales.

grâce à cette main invisible du marché qu'il est préférable pour tous que le boulanger et le boucher ne se préoccupent aucunement de l'intérêt général, car ils pourraient faire des bêtises vis-à-vis de cet intérêt général qu'ils maîtrisent mal, mais se focalisent sur leur propre intérêt égoïste. Déjà David Hume avait noté qu'il « n'est pas contraire à la nature humaine que je préfère la destruction du monde entier à l'égratignure de mon petit doigt »[36]. Avec Smith, on s'attend à ce que les humains se comportent de façon à maximiser en permanence leur intérêt individuel, et la main invisible du marché garantira que ces intérêts individuels se consolideront dans l'établissement de la meilleure société possible.

Bien étrange concept si l'on veut se donner la peine d'y réfléchir. Aveu, en quelque sorte, qu'il serait préférable que les hommes ne cherchent pas eux-mêmes à s'intéresser aux causes et conséquences de leurs actes. « La main invisible du Marché n'est-elle pas la version sécularisée de la divine Providence ? »[37] demande Alain Supiot. Cependant il est indéniable, historiquement, qu'il y a eu convergence à partir de la fin du XVIIIe siècle entre l'apparition d'un parti de la paix, politiquement, et le développement du *commerce pacifique*, économiquement. Commerce et finance, les principes actifs de la main invisible de Smith, ont bel et bien représenté l'infrastructure d'un système de paix universelle. En prenant le pas sur la puissance, la recherche de profit pouvait, tant qu'elle ne rencontrait pas de limite physique ou écologique, représenter un puissant facteur de paix. En s'internationalisant et en se monétisant toujours davantage, est apparu un moment où le commerce, auparavant plutôt motif de guerre, est finalement devenu

---

36 David Hume, *Traité de la nature humaine*, Livre II.

37 Alain Supiot, *La gouvernance par les nombres*, Fayard, 2015, p. 22.

facteur de paix. Avant l'avènement du libéralisme, l'organisation du commerce avait été guerrière, militaire. Le commerce avait été développé par les chasseurs, les corsaires, les pirates, les conquistadores, les marchands d'esclaves, les armées religieuses ou coloniales. Mais avec l'avènement du libéralisme, explique Polanyi[38], le commerce s'est retrouvé lié à la paix. Le commerce dépend avec le libéralisme d'un système commercial et monétaire international qui ne peut plus fonctionner de façon optimale en période de guerre. Au contraire, il exige la paix, et l'avènement de l'idéologie libérale promeut en parallèle l'idée que les grandes puissances politiques doivent s'efforcer de maintenir cette paix.

Mais Polanyi n'est pas naïf. Il sait que nombre de guerres résultent aussi de motivations commerciales conflictuelles. Pourtant, fait-il remarquer, le commerce et la finance internationales représentent les plus solides remparts contre un conflit planétaire. « En réalité, le commerce et la finance furent responsables de nombreuses guerres coloniales, mais on leur doit aussi d'avoir évité un conflit général... Pour chaque intérêt que la guerre servirait, il y en avait une douzaine qui seraient défavorablement affectés. Le capital international était naturellement voué à être le perdant en cas de guerre... Chaque guerre, ou presque, était organisée par les financiers ; mais ils organisaient aussi la paix. »[39] Pour Polanyi, l'organisation de la paix avant la montée des totalitarismes du début du XXe siècle reposait donc sur l'organisation économique - organisation économique par ailleurs extrêmement artificielle, note-t-il en des termes qui continuent de nous interpeller aujourd'hui, dans la

---

[38] Karl Polanyi, *La grande transformation. Aux origines politiques et économiques de notre temps*, p. 52.

[39] Karl Polanyi, *op. cit.* p. 53.

mesure où cette organisation vise indirectement à la destruction du monde humain et de son environnement. Car le fait de se représenter les phénomènes économiques comme surplombant la société et constituant à eux seuls un système distinct auquel tout le reste de la société doive rendre des comptes, - cette représentation ne peut écologiquement et anthropologiquement être fondée. L'innovation essentielle du libéralisme, qui a consisté à faire du doux commerce un réel facteur de paix, notamment tout au long du XIXe siècle, et peut-être même depuis la fin de la seconde guerre mondiale jusqu'à aujourd'hui, ne convient plus à l'établissement d'une organisation sociale vivable et durable à l'ère de l'anthropocène. Elle ne permet pas d'envisager l'atteinte de BH22 dans des conditions acceptables. Elle est peut-être en train de devenir un facteur de guerre - guerre pour l'accès aux ressources rares, guerre pour légitimer ou refuser les inégalités, guerre pour la gestion coordonnée au niveau mondial de nombreuses orientations stratégiques en l'absence de gouvernement mondial.

Quoiqu'il en soit le concept de la *main invisible du marché*, aujourd'hui encore, représente l'alibi des théories libérales qui estiment qu'en dernier recours, les logiques de marché seraient plus à même d'assurer le bien-être des individus et des populations que la délibération démocratique. Les négociations actuelles du traité commercial transatlantique (Tafta) se déroulent ainsi à huis clos, sans droit de regard public, en vertu de ce motif avoué qu'une trop grande transparence politique nuirait à l'efficacité des affaires et, partant, à la maximisation de l'intérêt national. Ce concept, on le comprend aisément, est un puissant accélérateur de déréglementation et de croissance, quelles que soient les implications, écologiques notamment, de cette croissance. Et un puissant frein pour la prise de conscience des limites de la biosphère. Un frein également en termes de responsabilité pour peu qu'on élargisse l'emprise de ce concept au-delà de la seule optimisation des facteurs de production : même si je ne comprends pas bien les implications de mes actes, je peux me reposer sur la bienveillance de *la main invisible du marché* pour m'autoriser une certaine nonchalance quant aux implications de mes stratégies. Ce type de psychologie collective, allié au développement en parallèle du statut de « société anonyme », allait conduire à la situation paradoxale de déresponsabilisation progressive des principaux acteurs de la civilisation occidentale à mesure de leur acquisition d'immenses pouvoirs technologiques, économiques, mais aussi politiques, comme nous le verrons au chapitre suivant.

Pour Polanyi un seuil avait été franchi lorsque le libéralisme économique a entrepris de considérer la terre, le travail et la monnaie comme des marchandises comme les autres. A partir de ce moment, le libéralisme est entré dans une phase autodestructrice. La substance humaine et la nature comme milieu de vie doivent être protégées de la vision utilitariste qui tend à les réduire à des éléments ingurgitables dans la « fabrique du diable » des marchés mondiaux, pour reprendre les termes de Polanyi ; elles doivent retrouver le statut de transcendances par rapport aux activités commerciales classiques. Ce qui a jusqu'à présent décuplé la force du capitalisme, sa capacité à repousser dans l'espace et dans le temps ses dettes écologiques et sociales, pourrait se retourner contre lui et accroître sa vulnérabilité ; depuis l'entrée dans l'anthropocène et notamment en raison de l'épuisement de certaines ressources naturelles, le capitalisme, fondé sur l'idée d'une possibilité de croissance infinie, est ébranlé dans ses bases conceptuelles. Il ne semble pas judicieux, au début du XXIe siècle, de miser sur l'idée que la main invisible du marché soit le meilleur garant de notre accès au XXIIe siècle. Pour autant, définir le type de transcendance dont nous avons besoin à cet horizon, pour faire contrepoids à la main invisible du marché, reste un challenge.

Le développement, un mythe occidental

Il est nécessaire de s'interroger sur le concept de *développement économique*, ainsi que sur les raisons qui lui ont conféré soudainement, vers le milieu du XXe siècle, les allures d'une quasi mission civilisatrice. Le *développement* a alors acquis un statut qui le portait au niveau de concepts tels que l'égalité ou la liberté. Mais ce concept charrie de lourds présupposés qu'il s'agit de secouer dans nos esprits habitués à penser que le développement est un indicateur pertinent pour la mesure d'un progrès de l'humanité au sens le plus global. Les analyses de Gilbert Rist et de Serge Latouche représentent de bonnes introductions pour décaler nos regards habituels sur les orientations, les rythmes et les objectifs de ce développement.

Le point de départ de la mission civilisatrice que l'Occident date selon Rist de 1949, lorsque le président américain Truman consacra l'entrée en scène du concept de « sous-développement » dans le fameux point IV de son discours d'investiture. Avant ce discours, explique Rist, le développement était ce qui « se produit sans qu'on y puisse rien changer, mais l'apparition du *sous-développement* évoque non seulement l'idée d'un changement possible en direction d'un état final, mais surtout la possibilité de provoquer ce changement. Il ne s'agit plus seulement de constater que les choses se *développent*, on pourra désormais *développer*. Le *développement* prendra alors un sens transitif (celui d'une action exercée par un agent sur un autre) correspondant à un principe d'organisation sociale, tandis que le *sous-développement* sera considéré comme un état qui existe *naturellement*, c'est-à-dire sans cause apparente »[40]. Mais comment ce concept en est-il venu à modifier si profondément les relations internationales ?

> Jusqu'alors les relations Nord/Sud étaient largement organisées selon l'opposition colonisateurs/colonisés. La nouvelle dichotomie « développés/sous-développés » propose un rapport différent, conforme à la nouvelle Déclaration universelle des droits de l'homme et à la progressive mondialisation du système étatique… Le colonisé et le colonisateur appartiennent à des univers non seulement différents mais encore opposés et, pour réduire la différence, l'affrontement -la lutte de libération nationale -paraît inévitable. Tandis que le « sous-développé » et le « développé » sont de la même famille ; même si le premier est un peu en retard sur le second, il peut espérer combler l'écart[41].

Rist conçoit ce concept de développement comme un paravent derrière lequel peuvent plus facilement s'avancer des projets postcoloniaux, souvent portés par les multinationales, sous les habits d'une mission civilisatrice vis-à-vis des plus nécessiteux. Quiconque veut aider un pays pauvre à se développer mérite bien qu'on lui pardonne quelques dégâts sociaux ou environnementaux.

Pour Serge Latouche la pensée du développement s'insère historiquement entre les pensées du colonialisme,

---

[40] Gilbert Rist, *Le développement : histoire d'une croyance occidentale*, Presses de Science Po, p. 128-129.

[41] *Ibid.*, p. 139.

qui le précède, et celles de la mondialisation, qui lui succède. Le concept de développement en général, selon lui, a toujours affaire avec la croissance économique. En dehors de la mythologie de la croissance la notion de développement ne correspondrait à aucune des aspirations fondamentales de l'humanité. Au contraire, elle serait même dépourvue de sens pour les éthiques traditionnelles, notamment toutes celles qui enseignaient comment « emprunter la terre à nos enfants », et les pratiques qui lui sont aujourd'hui liées seraient apparues impensables, voire interdites. C'est pourquoi Latouche distingue ce qu'il nomme le « développement réellement existant » du concept mythique de « développement » qui n'aurait aucune signification politique particulière.

> On peut définir le développement réellement existant comme une entreprise visant à transformer les rapports des hommes entre eux et avec la nature en marchandises. Il s'agit d'exploiter, de mettre en valeur, de tirer profit des ressources naturelles et humaines. Entreprise agressive envers la nature comme envers les peuples, elle est bien comme la colonisation qui la précède et la mondialisation qui la poursuit, une œuvre à la fois économique et militaire de domination et de conquête. C'est le développement réellement existant, celui qui domine la planète depuis trois siècles, qui engendre la plupart des problèmes sociaux et environnementaux actuels : exclusion, surpopulation, pauvreté, pollutions diverses, etc.[42]

Vue sous cet angle la notion de développement perd certains de ses oripeaux. D'autant qu'à horizon BH22 les taux de croissance actuels, même largement freinés par la crise de 2008, restent totalement incompatibles avec l'idée même d'une survie de l'humanité. Rappelons qu'une croissance annuelle de seulement 1 % correspond à un triplement sur un siècle. Une croissance de 2,2 % par an

---

[42] Serge Latouche, *Décoloniser l'imaginaire. La pensée créative contre l'économie de l'absurde*, Parangon, 2005, p. 28-29.

suffit à un doublement à l'horizon d'une seule génération. Et rappelons que toute augmentation de la croissance économique s'accompagne d'une croissance du même ordre en matière de consommation d'énergie et, dans une mesure légèrement moindre, de consommation de matières premières. Rappelons enfin que l'humanité (essentiellement sous l'emprise de l'Occident jusqu'à présent) a déjà une empreinte écologique annuelle supérieure aux capacités de régénérations de la planète depuis le milieu des années 1980. Si nous puisons déjà largement dans les stocks de la biosphère dès aujourd'hui (la charge écologique globale de la planète est excédentaire d'environ 40 % en 2017), par quel miracle pourrait-on poursuivre ce type de développement sans perturber gravement les équilibres de la biosphère et, pesons les mots, sans remettre en cause l'avenir de l'humanité ?

Le concept de développement suscite des interrogations depuis quelques décennies déjà. D'où l'introduction dans la notion de développement au sens large d'autres indicateurs que la seule mesure de la croissance économique. Amartya Sen a proposé, dès la fin du XXe siècle, de considérer le développement comme un processus d'expansion des libertés individuelles dont jouissent les individus[43]. Avec cette notion Sen voulait englober non seulement les indicateurs de croissance du produit national brut, mais aussi les indicateurs de pouvoir d'achat, de degré d'industrialisation, de progrès technologiques ou même de modernisation sociale. Chacun de ces indicateurs, expliquait-il, participe à l'amélioration des conditions de vie des individus dans le monde. Mais aucun de ces indicateurs ne peut se prévaloir

---

[43] Amartya Sen, *Un nouveau modèle économique. Développement, justice, liberté,* [1999], Odile Jacob, 2003.

d'une quelconque prééminence : le développement réel, dans la vie des gens, correspond à l'accroissement de liberté qui résultera de la progression de ces vecteurs de progrès. « Si la liberté est ce que le développement promeut, alors c'est sur cet objectif global qu'il faut se concentrer et non sur un moyen particulier ou un autre, ni sur une série spécifique d'instruments. »[44]

L'enquête BH22 reprend en partie les raisonnements de Sen et de ses disciples : à partir du moment où l'on définit l'accroissement des libertés individuelles comme mesure du développement, on devra focaliser l'attention sur les fins en vue desquelles le développement aura à être dirigé. Nous aurons à relativiser les *moyens* de ce développement - croissance économique, progrès technique, etc. - pour nous focaliser sur ses *fins* – liberté chez Sen, avenir de l'humanité à l'horizon du XXIIe siècle dans la présente enquête. Chez Sen, le véritable développement consistera à exiger la suppression progressive des principaux facteurs qui entravent la liberté : tyrannie, pauvreté, absence d'opportunités de progression pour chacun, inexistence de services publics, de systèmes de solidarité, intolérance ou répression de la part de régimes totalitaires. Le fait générateur de la thèse de Sen est le constat d'un immense déni de liberté, à l'échelle du monde, concomitant avec le constat d'une prospérité économique sans précédent. L'éventail des libertés dont de larges fractions de l'humanité restent privées est pour Sen inadmissible, et il s'agit pour lui d'élaborer les outils qui permettront la réévaluation des stratégies publiques et privées en vue d'un accroissement des libertés individuelles.

Mais cette louable intention ne suffit pas. D'abord il faut mesurer à quel point elle rencontre des difficultés à

---

[44] *Ibid.*, p. 15.

imposer ses vues aux principaux acteurs de la mondialisation, privés et publics. Ensuite elle peut aussi représenter un excès de focalisation sur le présent. Dans l'esprit de la présente analyse, réduire les inégalités peut effectivement représenter un objectif stratégique prioritaire. Mais mesurer tout progrès en termes d'accroissement des libertés individuelles ne peut représenter une priorité équivalente, bien au contraire : avant cela nous avons à nous interroger sur les multiples facteurs de réduction du champ des possibles à venir, pour les générations présentes et pour les générations futures. La prise de conscience de notre entrée dans l'ère de l'anthropocène renverse ici l'ordre des priorités. Il ne servirait à rien de chercher à augmenter les libertés individuelles de 8 milliards d'individus dans un monde qui serait voué à s'éteindre, surtout si c'est en raison de ces objectifs d'augmentation des libertés que cette extinction risque de s'accélérer.

La destruction créatrice, transcendance nihiliste

Avant la révolution capitaliste, la forme substantielle d'une chose, son essence, était son utilité. Son échangeabilité était secondaire, accidentelle. Le capitalisme a renversé cette ontologie. Depuis son avènement, et surtout depuis l'ère industrielle, c'est la valeur d'échange d'une chose qui devient sa substance première. Et l'utilité de cette chose devient une qualité secondaire, accidentelle. La marchandise au sens capitaliste est donc bien une puissance de transformation du monde, mais en tant que valeur d'échange elle est coupée de ce qui la rend matériellement possible. Là réside l'incompatibilité de fond du capitalisme avec l'écologie, incompatibilité que la notion de développement durable, nous le verrons, tente tant bien que mal de raccommoder, mais sans pouvoir relier vraiment la chose à ses conditions matérielles d'existence, tant en amont des processus industriels (extraction) qu'en aval (recyclage, pollution). Dans cette ontologie l'environnement a perdu son statut de *maison de l'être*, il devient une charge vis-à-vis de la production, matérielle ou immatérielle. Il ne représente qu'un moyen au service de la production infinie de la valeur d'échange. Nous retrouvons ici des idées de Marx : sous le capitalisme, le savoir et les moyens d'action de l'humanité sont de plus en plus grands, mais sous une forme aliénée qui tend à détruire la nature et à corseter le devenir des hommes. Tout progrès de l'agriculture, disait Marx, est non seulement un progrès dans l'art de piller le travailleur, mais c'est aussi un progrès dans l'art de piller les sols ; tout progrès dans l'accroissement ponctuel de la fertilité des sols, disait-il encore, est en même temps un progrès dans la ruine des sources durables de cette fertilité. Tout accroissement de nos propensions à utiliser dès aujourd'hui des ressources non renouvelables, a expliqué Georgescu Roegen, correspond à une limitation du nombre d'êtres humains que la terre pourra nourrir demain.

La logique marchande est donc par essence déconnectée des nécessités écologiques et anthropologiques ; plus précisément elle analyse les données écologiques et anthropologiques comme des obstacles à la maximisation de la valeur marchande ; elle pousse à la concurrence, à la guerre économique en vertu d'une logique de croissance aux implications écologiques et anthropologiques désastreuses. Et, certainement parce qu'il est devenu très compliqué de mesurer les conséquences futures de chacun de nos faits et gestes, chacun d'entre nous participe à cette création de valeur sans s'interroger sur les implications de ses actes sur la santé de la biosphère. Il arrive de penser que ce processus est inarrêtable. Hannah Arendt l'exprimait ainsi : « Eventuellement aucun objet du monde ne sera à l'abri de la consommation, de l'anéantissement par la consommation… Notre économie est devenue une économie de gaspillage dans laquelle il faut que les choses soient dévorées ou jetées aussi vite qu'elles apparaissent dans le monde pour que le processus lui-même ne subisse pas un arrêt catastrophique »[45]. Les projets de développement technoscientifique et de croissance économique revêtent les habits d'une mission civilisatrice alors qu'ils conduisent la civilisation au chaos.

C'est pourquoi il faut comprendre à quel point le concept de *destruction créatrice*, formulé en 1942 par Joseph Schumpeter, a représenté un concept aussi prometteur au milieu du XXe siècle qu'il devient destructeur au début du XXIe siècle - et littéralement suicidaire à horizon BH22. La destruction créatrice, expliquait Schumpeter, est « comme un processus de mutation industrielle … qui révolutionne incessamment de l'intérieur la structure économique, en détruisant continuellement ses éléments vieillis et en créant perpétuellement des éléments neufs[46] ». Elle libère complétement la voie aux stratégies d'exploitation sans retenue des ressources naturelles car « … ce processus de destruction créatrice constitue la donnée fondamentale du capitalisme : c'est en elle que constitue en dernière analyse le capitalisme, et toute entreprise capitaliste doit

---

[45] Hannah Arendt, *Condition de l'homme moderne*, [1961], Pocket, coll. Agora, 1983, p. 184-185.

[46] Joseph Schumpeter, *Capitalisme, socialisme et démocratie*, [1942], p. 113.

bon gré mal gré s'y adapter [47]». Il est clair pour nous, *a posteriori*, que dans le sillage de l'idée de *destruction créatrice* de Schumpeter gît l'idée d'une sorte de sur-économie transcendantale, une claire invitation à la démesure.

La destruction créatrice est en fait promesse de progrès. Schumpeter n'invite pas à faire le bilan des créations et destructions nécessaires au déploiement de cette philosophie. Vu d'Amérique et du milieu du XXe siècle, le monde paraît encore infini ; engager ce type de bilan serait du temps perdu. L'expression *destruction créatrice* est quasi métaphysique, elle n'appartient pas vraiment au vocabulaire de l'économie, mais elle imprègne toutes les politiques de développement telles que l'Occident les a conçues. Lors de mes études supérieures en gestion et en stratégie, à la toute fin du XXe siècle, il ne fallait surtout pas paraître soupçonneux devant les bienfaits de ce concept schumpetérien : ni mon professeur d'économie, ni celui de marketing, ni celui de finance ne l'auraient apprécié. C'eut certainement été un motif d'exclusion. Il n'y avait pas de place, jusqu'à un passé récent, pour la négativité dans les théories économiques. Aucune *rationalité* n'invitait à la mesure des incidences des stratégies économiques sur les équilibres écologiques. Pas de lien établi entre la logique d'innovation et de croissance de l'entrepreneur et la puissance de destruction inhérente à ses diverses stratégies. C'est bien ce lien qu'il s'agit à présent de mettre à jour.

Car la notion de destruction créatrice fait aujourd'hui encore office de quasi métaphysique de la pensée économique. C'est elle qui donne à l'économie son statut de méta-discipline, à laquelle toutes les autres disciplines

---

[47] *Ibid.*, p. 116-117.

doivent rendre des comptes : nous l'avons vu, en régime néolibéral, science, industrie, politique doivent à présent rendre des comptes à l'économie. Car s'il est vrai que la *destruction* peut être *créatrice*, cela change tout pour le devenir, sous toutes ses facettes. On retrouve dans l'idée de *destruction créatrice* de Schumpeter l'idée d'*'évolution créatrice* chère à Bergson. Si rien n'invite à faire le bilan des créations-destructions de l'activité économique dans son ensemble, l'idée de destruction créatrice pourra même faire figure de théorie de l'évolution. Nous sommes obligés de croître, disent les manageurs de l'économie occidentale, sinon nous allons reculer et mourir. Il est interdit de résister au changement. Tous unis, scientifiques, industriels et politiques peuvent et doivent innover et croître, quoiqu'il advienne tout autour d'eux puisque, dans le fond, la destruction, même quand elle prend des allures cauchemardesques, sera finalement *créatrice*. Il n'est pas nécessaire de douter du bien-fondé des politiques d'innovation et de croissance puisque, malgré les apparences, nous sommes des créateurs. Dans la métaphysique de l'économie schumpétérienne le manageur est fondamentalement un créateur, quels que soient les dégâts écologiques et anthropologiques causés à sa périphérie. Il est bien difficile aujourd'hui de faire la part entre la mauvaise foi de ceux qui saccagent l'environnement en toute connaissance de cause et ceux qui sont encore véritablement persuadés du pouvoir globalement créateur de la destruction des ressources qu'ils consomment.

Il est essentiel de comprendre à quel point c'est, aujourd'hui encore, autour de cette fiction d'une possible destruction créatrice, et donc d'une sorte d'infini à disposition de l'homme, que continuent de s'organiser les activités économiques. Aujourd'hui encore tout est fait, dans la psychologie de presque toutes les disciplines scientifiques, dans la formation des dirigeants des mondes de l'économie et de la politique, et surtout dans les mécanismes du fonctionnement des marchés mondiaux, pour interdire toute disposition ou tout comportement qui chercherait à entraver le déploiement de cette fiction. Comment résister à la transformation du monde en réservoir de ressources destinées à être entièrement ingurgitées par la machine technicoéconomique libérale, en vertu des stratégies dictées par les logiques néolibérales de marché ? Comment éviter que les « sociétés » ne soient dissoutes, comment penser une alternative émancipatrice à ces logiques ? Comment redonner du poids aux logiques politiques, institutionnelles, historiques et écologiques jusqu'à contraindre les logiques techniques et financières à se réinsérer dans un processus de *création non destructrice* ? Günther Anders pensait discerner dans ces orientations les signes d'un vaste programme d'intensification et d'artificialisation du monde. « Nous ne sommes pas seulement tenus d'exploiter tout ce qui est exploitable mais aussi de découvrir l'exploitabilité « cachée » en toute chose (et même dans l'homme). La tâche de la science actuelle ne consiste plus dès lors à découvrir l'essence secrète et donc cachée du monde ou des choses, ou encore les lois auxquelles ils obéissent, mais à *découvrir le possible usage qu'ils dissimulent* »[48].

[48] Günther Anders, *L'obsolescence de l'homme*, T2, p. 32-33.

La concurrence comme principe d'organisation

Le néolibéralisme nous a totalement imprégnés de l'idée que le monde ne peut être organisé autrement que sous l'égide d'un principe de concurrence généralisé, étendu à toutes les activités humaines. Ce principe de concurrence a envahi notre imaginaire dans des proportions telles que toute idée fondée sur un projet alternatif au régime concurrentiel est délégitimée d'emblée. Il faut pourtant rappeler qu'il s'agit d'une idée relativement récente, typiquement néolibérale. Michel Foucault nous aide à percevoir le moment de bascule opéré à ce sujet par la pensée néolibérale. Le néolibéralisme, dit-il, a aussi modifié la conception qu'ont pu avoir les économistes classiques de la notion de concurrence. Pour les libéraux classiques, le principe de marché, c'était l'échange, l'échange libre, entre deux partenaires qui basent leurs transactions sur l'idée d'une équivalence de valeurs. La pensée économique classique tablait sur la non-intervention d'un tiers, et surtout pas de l'État. Au contraire, on demandait plutôt à l'État d'assurer le bon fonctionnement d'un certain *laissez-faire*. Le *laissez-faire*, explique Foucault, représente le fond de pensée des libéraux des XVIIIe et XIXe siècles. Le *laissez-faire* était à la fois l'origine et la conséquence de l'économie de marché dans l'optique libérale classique.

Or, les néolibéraux rompent avec cette pensée politique car, pour eux, ce n'est plus l'échange mais la concurrence qui devient le moteur de l'économie telle qu'ils la conçoivent. « Pratiquement, on admet à peu près partout dans la théorie libérale, depuis la fin du XIXe siècle, que l'essentiel du marché, c'est la concurrence, c'est-à-dire que ce n'est pas l'équivalence, c'est au contraire l'inégalité[49]. » L'idée s'impose donc à partir de cette période que c'est à la concurrence que revient la tâche d'incarner la rationalité économique. Ce qui change notamment l'idée qu'on peut se faire de la participation de l'État dans l'accompagnement de cette rationalité. Il ne s'agit plus seulement d'assurer le *laissez-faire*, car la concurrence n'est pas une donnée primitive, ni de la conscience, ni de l'organisation sociale. Elle est un projet à construire, elle ne peut résulter que d'un long effort. La concurrence, explique Foucault, devient avec les néolibéraux un « objectif historique de l'art gouvernemental[50]. » La véritable concurrence, celle qui participera le plus efficacement à l'épanouissement de cette rationalité économique d'une essence supérieure, celle qui assurera le plus efficacement le « développement » économique générateur de bien-être pour tous - cette mise en concurrence devra être énergiquement soutenue par l'État, « produite par une gouvernementalité active. » Il y aura donc besoin de recouvrement volontariste des mécanismes de marché par les politiques gouvernementales. Nous sommes loin, à présent, du laissez-faire des libéraux classiques. « Le gouvernement doit accompagner de bout en bout une économie de marché. L'économie de marché ne soustrait pas quelque chose au gouvernement. Elle indique au contraire, elle constitue l'index général sous lequel il faut placer la règle qui va définir toutes les actions gouvernementales. Il faut gouverner pour le marché, plutôt que de gouverner à cause du marché[51]. » Il ne s'agira plus de laisser-faire mais de déployer une vigilance, une

[49] Michel Foucault, *Naissance de la biopolitique*, Gallimard, Seuil, p. 122.

[50] *Ibid.*, p. 124.

[51] *Ibid*, p. 125.

activité, une intervention permanente pour assurer le bon fonctionnement de cette délicate exigence concurrentielle. D'où la responsabilité qui incombe aux dirigeants politiques de mener une politique active en ce sens. Nous en sommes toujours là au début du XXIe siècle, et la projection à horizon BH22 doit s'effectuer selon ces pratiques néolibérales. A ce jour, aucune pratique alternative ne pèse suffisamment pour infléchir le déploiement de cette logique concurrentielle au niveau planétaire. Le principe de précaution, le développement durable, voire l'ensemble des propositions alternatives de la société civile ne parviennent à modifier la trajectoire prédatrice et concurrentielle des plus grands acteurs de la mondialisation. Rien actuellement ne semble en mesure de contrarier la puissance d'expansion de la logique libérale.

Progrès technique et mutilation écologique

Le discours technologique occupe une place toujours privilégiée dans les démocraties libérales, à tel point qu'il paraît représenter, mieux encore que la croissance économique, le dernier espoir de trouver un sens à l'histoire humaine. C'est lui qui incarne le plus fortement la notion de progrès. Nous assimilons spontanément progrès technique, progrès social et progrès politique. Qu'en est-il dans une perspective de très long terme ? Il y a une pulsion destructrice dans l'idée même de progrès technique. Passée au stade industriel, dans un contexte de technico économie mondialisée, il apparaît que cette pulsion vise à une modification de l'ontologie du monde et du vivant et à une intensification de l'être dont on peut craindre explosion ou effondrement à horizon BH22.

La technique est une dimension de l'action humaine, et ceci depuis la nuit des temps. Elle n'a jamais posé de problème au sens où nous l'entendons ici avant la révolution industrielle. Mais la révolution industrielle a conduit à une bifurcation de l'essence de la technique. Et l'homme n'a pas les réponses à certaines questions posées par la technique à partir du moment où elle s'est industrialisée. On pourrait résumer la situation en disant que cette bifurcation est apparue au moment où les *outils* sont devenus des *machines*. « La machine, dit Alain Gras, telle qu'elle va se construire autour d'un moteur correspond à une bifurcation dans l'histoire de l'outil[52]. » L'outil restait comme une sorte de prolongement de la main, tandis que la machine démultiplie les résultats de l'action humaine dans des proportions qui posent problème. A l'ère des machines et des usines, le milieu technique procure à l'homme de nouveaux pouvoirs de *production*, et en même temps sécrète un type d'environnement et lui impose de nouvelles contraintes, de nouveaux rythmes. Avec la machine, on assiste à une sorte de consécration du monde des idées de Platon : on se dirige vers une ontologie du logos anthropocentriste. Une ontologie du progrès aussi, qui tend à imprimer au réel la « puissance du rationnel »[53]. Certes, nous ne vivons pas dans un monde d'idées pures, loin de là. Mais nous n'en avons jamais été aussi proches. Notre monde se compose à présent de nombreux éléments qui résultent de productions imaginées, manufacturées, distribuées par l'homme. Ces éléments doivent leur existence à des idées au sens platonicien, davantage qu'à des données naturelles primaires. Ils ressemblent davantage à des inventions humaines qu'à des découvertes naturelles. Les classes

[52] Alain Gras, *Fragilité de la puissance*, p. 154.

[53] Dominique Janicaud, *La puissance du rationnel.*

dominantes aujourd'hui sont les classes des machines, avait diagnostiqué Günter Anders depuis le milieu du XXe siècle ; ainsi que des marchés financiers, pourrait-on aujourd'hui ajouter : « Nos besoins ne sont plus désormais que l'empreinte ou la reproduction des besoins des marchandises elles-mêmes. Et si ce dont nous aurons besoin demain n'est écrit ni dans les étoiles ni dans notre cœur, ni même dans notre estomac, c'est en revanche écrit dans le réfrigérateur que nous avons acheté avant-hier, dans le poste de télévision que nous avons acheté aujourd'hui, et c'est le cœur battant que nous serons demain à l'écoute du diktat de leurs besoins. »[54] Chose étrange, l'homme se retrouve *théoriquement* dans l'obligation de disposer d'une éthique d'un genre nouveau, d'une véritable et toute nouvelle « éthique pour une civilisation technologique[55] » au moment même où il a abdiqué, concrètement, dans les entreprises ou les gouvernements, éthique et politique au profit des lois d'un marché néolibéral.

Nous sommes ici face à un profond problème, d'essence assez *guerrière* malgré les apparences. On peut dire que l'automatisation industrielle a apporté à la seconde révolution industrielle, au sortir de la seconde guerre mondiale, ce que la mécanisation avait représenté à la première révolution industrielle au début du XXe siècle. Cette seconde révolution tirait directement parti de l'économie de guerre qui avait été financée par les États : production de la bombe atomique, micro-électronique pour fusées de proximité, radars et autres systèmes de détection et de mesure, ordinateurs, systèmes de guidage

---

[54] Günther Anders, *L'obsolescence de l'homme*, T 1, p. 203-204.

[55] C'est le sous-titre du célèbre *Principe Responsabilité* de Hans Jonas, tout entier tendu vers cette recherche d'une éthique adaptée à un pouvoir humain devenu exorbitant.

de missiles, aéronautique et avionique, systèmes de commande-contrôle pour armements automatiques… toutes ces mises au point à vocation militaire vont se retrouver à disposition de l'industrie qui va les adapter et les transformer à peu de frais en outillages et machines automatisées, robotisées, autorégulées. Puis la guerre froide, plus tard, a prolongé les investissements pharaoniques des États occidentaux dans toutes les technologies de pointe dans le cadre des différents programmes de sécurité nationale. Il en est ressorti nombre d'avancées technologiques rapidement mises à disposition des industries automobile, aéronautique, spatiale, pétrolière, chimique, électronique, ces avancées restaurant dans le public l'idée d'un progrès garanti par la science, et faisant oublier que quelques décennies auparavant, soit pendant les deux premières guerres mondiales, ainsi que durant la guerre froide, la civilisation occidentale avait failli périr sous les retombées des innovations de cette même science. L'innovation technologique a ainsi longtemps bénéficié, et bénéficie toujours dans les milieux industriels, d'une positivité toute artificielle, aujourd'hui largement relayée par les lobbies dont la vocation est souvent de faire oublier les externalités négatives des prétendues avancées technologiques qu'ils promeuvent.

Un des problèmes résultant de cette course effrénée aux innovations technologiques, c'est qu'elles interdisent l'examen de leurs répercussions sociales, culturelles et environnementales avant la mise en place de dispositifs matériels qui rendent rapidement impossible tout examen rétrospectif d'alternatives. Comme le note David Noble, un siècle et demi d'obéissance aux injonctions du progrès a émoussé notre mémoire, notre sens critique et notre capacité à mettre en doute toute innovation technoscientifique. Selon lui, cinq tâches ardues attendent l'intellectuel qui oserait affronter cette question : « inverser la charge de la preuve ; créer l'espace permettant de dire « non » ; développer des moyens de résistance ; inventer un autre avenir qui reste ancré dans le présent ; et, enfin, dépasser le mythe de la machine, le fétiche de la transcendance technologique, de façon à ménager une place à l'opposition politique[56]. » Vaste programme pour envisager de s'extraire du pouvoir monopolistique sanctuarisé par la rhétorique d'un progrès automatiquement porteur de bienfaits pour l'humanité. Car ce qui nous importe en définitive, ce n'est pas une technologie centrée sur la recherche de compétitivité économique, c'est une société centrée sur la question du progrès social ; des innovations ne rétrécissant jamais les horizons humains, ouvrant au contraire les possibilités d'avenir sur le long terme.

Comment en sommes-nous arrivés à croire à un avenir automatiquement amélioré, menant inexorablement vers le meilleur des mondes, à partir du moment où il est dirigé par un développement technoscientifique autonome ? Ou encore à croire que les excès de ces développements incontrôlés seront corrigés par le filtre du marché qui, dans sa grande sagesse, saura sélectionner, dans les rares cas où l'expression du génie créatif humain n'y serait pas parvenue spontanément, ce qui est bon pour l'homme et les sociétés. Cette mythologie du progrès repose clairement sur des présupposés darwiniens. L'idée que la compétitivité, fondée sur le progrès technique, est la voie la plus sûre vers la prospérité reste très vivace dans l'inconscient collectif mondial. Cette croyance n'est certainement ni plus vraie ni plus fausse aujourd'hui qu'hier. Elle devient simplement objectivement plus

---

[56] Noble, David, *Le progrès sans le peuple*, [1993], Agone, 2016, p. 109.

irréaliste, totalement illusoire à horizon BH22, principalement pour trois raisons : d'abord notre empreinte écologique est durablement excédentaire, et toute proposition de résolution de ce problème à l'aide de la technologie ne fait qu'accroître le problème sans jamais le résoudre, malgré les promesses des industriels ; ensuite, le progrès technoscientifique est à présent arrivé à un point où certaines innovations proposent de modifier de façon très profondes les conditions de vie de l'humanité ; et enfin ce progrès conduit à un accroissement des inégalités tel qu'il représente à présent un réel facteur d'implosion de l'ensemble de la civilisation sous le poids d'un ressentiment lui aussi en voie de mondialisation.

La pensée de la destruction créatrice est vouée à faire une place toujours plus grande au néant. « Tel est l'arrière-pays métaphysique qui règle à notre insu nos modes de consommation et de production, et qui rend compte de la destruction créatrice de notre système productif[57]». Nous sommes passés au milieu du XXe siècle de la destruction de la métaphysique à la métaphysique de la destruction, sous couvert d'abord des Trente Glorieuses et de leur croissance à deux chiffres donnant l'impression que les arbres pouvaient monter jusqu'au ciel, sous couvert ensuite de la mondialisation de l'économie qui, elle, a rapidement rendu perceptible le gouffre autour duquel cherche à se maintenir sans chavirer la civilisation occidentale. L'absence globale de réaction des pouvoirs publics ou de la société civile dans son ensemble à cette prise de pouvoir par les acteurs économiques reste difficile à comprendre. L'homme et la terre pourraient être sacrifiés dans cette affaire, et l'on pressent à présent très clairement que la rationalité libérale ne semble pas en mesure d'arrêter ce processus destructeur.

---

[57] Pierre Caye, *Critique de la destruction créatrice*, p. 99.

Parler aujourd'hui de crise de la technique est paradoxal. Jamais les techniques n'ont été aussi inventives, aussi créatives pourrait-on dire. Les NTIC, le numérique et tous leurs dérivés révolutionnent nos comportements, nos cadres de vie, nos modes de gouvernance. Les nanotechnologies, les biotechnologies, l'intelligence artificielle, les *Big data* semblent promettre de nouveaux miracles. Mais c'est bien là que réside le problème : il semble y avoir recul dans la capacité de ces nouvelles innovations à satisfaire les attentes les plus fortes de l'humanité, il y a clairement problème dans la répartition des fruits de ces innovations, et ces nouveautés ne font pas reculer, mais au contraire se rapprocher les limites physiques de la biosphère dans la mesure où l'empreinte écologique de l'humanité, sous le poids il est vrai de sa minorité occidentale, s'accroit d'année en année et consomme toujours plus du stock d'énergie et de matières non renouvelables. Comme s'il y avait décorrélation entre innovation, croissance, satisfaction des besoins humains et sécurisation du devenir. Il y a à présent surpuissance du dispositif technicoéconomique mondial, dont les capacités de transformation excèdent les capacités d'absorption et de régénération de la biosphère.

Le logos technique et financier s'est glissé dans l'idéologie de la liberté individuelle des Modernes et a réussi à institutionnaliser pour chacun le droit d'inventer, de faire, d'entreprendre, tout ceci dans des proportions illimitées. Comme si chacun des 7 milliards d'individus - mais principalement les plus grands acteurs de la mondialisation - que compte la planète avaient acquis le *droit* de mettre au point de nouvelles molécules chimiques, de nouvelles espèces, des ogives nucléaires et de les disperser sur toute la surface du globe. Comme si chacun pouvait dicter sa loi au réel. D'ici BH22 l'homme aura changé le climat, les habitudes et les croyances humaines, fabriqué de nouvelles mœurs, de nouveaux mots, de nouveaux rêves, mis ce qu'il aura voulu dans la tête de nos enfants. La question est alors la suivante : comment la rationalité occidentale peut-elle surmonter, par un nouvel effort de la raison, les impasses stratégiques au fond desquelles cette même rationalité l'a poussée ? La raison peut-elle encore reconstruire un avenir pour la civilisation occidentale ?

✠✠✠

On a compris depuis quelques temps déjà à quel point les idées de révolution, progrès, concurrence, développement ont été promues au rang de véritables concepts phare de la pensée occidentale. Depuis l'avènement de la mondialisation financiarisée et de l'anthropocène il apparaît plus clairement que les concepts de destruction créatrice et de main invisible du marché jouent également un rôle déterminant dans les orientations stratégiques de la pensée occidentale, même et surtout s'ils jouent en fait un rôle d'accélérateur de la poursuite de stratégies suicidaires pour l'avenir de l'humanité. Nous sommes en plein cœur de deux mythes opposés, mais dont l'opposition dynamise toute les politiques et stratégies à la surface de la Terre à l'ère de la mondialisation. Deux mythes qui se percutent, se contrarient parfois mais dans l'ensemble dynamisent les stratégies des principaux acteurs de la civilisation occidentale. Et surtout, font office de toile de fond de la pensée tant économique que politique, et parfois même culturelle. Le néolibéralisme contemporain puise dans ces deux mythes pour recruter, fabriquer, commercialiser et proposer des lignes de produits et des plans de carrière au sein de chacune de ses filières, qu'elles soient pré ou post-industrielles. Si en effet nous sommes invités à détruire sans retenue les ressources naturelles, ceci hors du contrôle du politique, afin de maximiser les effets supposés bénéfiques de la main invisible du marché, nous commençons à comprendre ce qui pose fondamentalement problème dans l'élaboration des stratégies dans la technico économie libérale en ce début de XXIe siècle : la menace d'une fin de l'homme par mutilation de son milieu de vie se précise. En même temps elle dévoile la force motrice de concepts dont on ne percevait pas, jusqu'à un passé récent, la portée suicidaire. C'est toute une conception du monde qui œuvre en fait à cette mutilation. Vouloir modifier radicalement ces sombres perspectives en jouant seulement sur des paramètres technoscientifiques ou économiques devient clairement illusoire, de façon si évidente que cela en devient également coupable. Les véritables terroristes, disait Anders avant de mourir[58], sont aujourd'hui les militaires et les industriels qui font continuellement peur au monde en menaçant de le détruire.

---

[58] Günther Anders, *La violence : oui ou non, une discussion nécessaire*, [1987], Editions Fario, 2014.

3. Les nouveaux agents de transformation du monde

Nous sommes dans une configuration nouvelle et très particulière depuis la fin du XXe siècle : le monde est à présent largement configuré par de nouveaux acteurs, les Très Grandes Entreprises (TGE). Il s'agit d'un phénomène nouveau dans le sens où il a pris des proportions qui bouleversent les rapports traditionnels entre les pouvoirs politiques, juridiques et économiques en Occident. Il est important de comprendre comment fonctionnent ces TGE, et comment elles sont managées, en quoi elles représentent un pouvoir d'action nouveau à l'échelle planétaire, pour quelles finalités, et comment elles peuvent contribuer à forger notre futur à horizon BH22.

Les TGE sont en train de devenir la principale source de pouvoir dans les démocraties libérales, bien avant les États, et elles s'attaquent à présent à des projets de modification profondes des conditions de vie de l'humanité entière ; elles configurent à grand trait les profils du futur des générations à venir comme aucune autre catégorie d'acteur ne l'a jamais fait dans l'histoire de l'humanité, et elles réalisent cela sans aucun contrôle public, sur la base de projets privés, lancés au gré d'innovations technoscientifiques ou marketing développées au hasard, puis sélectionnées par les marchés en fonction de leur degré de profitabilité.

Les TGE sont souvent des grands groupes, soit en raison du volume global de leurs activités, soit en raison de l'importance de leurs parts de marché. Leur implantation mondiale s'accompagne de la mobilité sans entrave de leurs facteurs de production. Elles peuvent transférer leur recherche et développement là où des populations jeunes, peu coûteuses et bien formées apporteront une contribution compétitive à leurs développements ; implanter leur outil de production là où les coûts d'approvisionnement et de distribution seront optimisés et là où les contraintes liées au respect de l'environnement seront moindres, déclarer leurs profits là où la fiscalité sera avantageuse. Elles peuvent ouvrir et fermer des entités quand elles le souhaitent et là où elles le souhaitent, orienter leurs investissements là où les écosystèmes seront pour elles les plus avantageux. Elles sont libres de s'enregistrer où elles veulent. Le droit international exige qu'elles aient un siège social mais à partir de cette base elles peuvent négocier avec le monde entier et n'être dans une position de subordination à l'égard de personne.

Les TGE, de taille exorbitante

Le champ d'action des TGE est impressionnant : maîtrise des ressources, capacité d'action collective, très forte réactivité, capacité de déployer des stratégies à la fois locales et internationales, maintien et développement des compétences, capacité de se mobiliser rapidement autour de projets collectifs de très grande envergure. Assurément la grande entreprise contemporaine est une forme organisationnelle exemplaire, dans de nombreux registres, secteurs, marchés. Au début du XXIe siècle, son efficacité tranche avec la lourdeur de fonctionnement des États-nations et leur incapacité à résoudre les problèmes de la planète au moyen d'une coordination internationale efficace. La TGE est anonyme (actionnaires multiples, manageurs substituables) et non rattachée à un territoire. Elle n'est pas vraiment localisable car, si son siège social est bien implanté quelque part, l'ensemble de ses activités ne forme pas un groupe uni juridiquement parlant.

D'aucun lieu de la terre on ne peut interférer sur l'ensemble des filiales qui bénéficient d'une plus ou moins grande capacité d'autonomie. Aucune théorie économique ou politique ne rend réellement compte de cette situation ; mais le fait est que les TGE ne se contentent plus d'exercer leurs pressions sur les processus politiques, elles en deviennent souvent des acteurs directs majeurs.

Les TGE sont en croissance, au début du XXIe siècle, à un rythme supérieur à celui des plus petites entreprises. Car elles sont encore en phase de concentration. Selon P.Y. Gomez, en 2010, 58 entreprises dépassaient en France le chiffre d'affaires annuel de 7,5 milliards d'euros. « En vingt ans leur chiffre d'affaires moyen a doublé, lorsque celui des autres entreprises est resté stable, leur effectif moyen a progressé de 68 %, atteignant 106 000 salariés par entreprise, quand celui des autres entreprises a légèrement baissé. Elles ont assuré 90 % des investissements entre 1992 et 2010 et 90 % de l'ensemble des dividendes versés. Leurs capitaux propres ont augmenté de 265 %, trois fois plus que celui des PMI. Leur capitalisation boursière, multipliée par quatre entre 1992 et 2010, représente désormais 90 % de la place de Paris[59]. » Ce rythme global de progression des TGE, en période de très faible croissance, témoigne de l'importance grandissante que continuent à prendre ces grandes entreprises dans l'ensemble du dispositif économique contemporain.

Il n'existe pas d'indicateur unique capable d'illustrer la puissance de ces grandes entreprises de façon définitive. Le chiffre d'affaires est certainement le critère le plus pertinent, mais la capitalisation boursière, le nombre

---

[59] Pierre Yves Gomez, « La firme géante, stade ultime du marché financier », *Le Monde*, 2 avril 2012.

d'implantations dans le monde, le montant des capitaux immobilisés, le nombre de brevets détenus, l'importance des clients en portefeuille… tous ces indicateurs peuvent avoir un sens pour la problématique qui nous occupe ici. Surtout, le nombre d'emplois des grandes entreprises reflète leur poids dans l'organisation de la vie sociale. « … ainsi, en 2013, Wal-Mart (grande distribution) emploie 2,2 millions de personnes, soit l'équivalent de la population active de l'Irlande ; McDonald (groupe et franchisés) emploie 1,7 million de personnes ; UPS (messagerie) fait travailler 600 000 employés, soit l'équivalent de l'Ile Maurice. Trois multinationales du secteur de l'énergie (China National Petroleum Corporation, State Grid Corporation of China, Sinopec), non cotées, emploient plus d'un million de personnes »[60]. Les TGE se consacrent souvent à un cœur de métier très circonscrit, à un nombre d'activités très réduit, mais exploités à une très grande échelle, souvent planétaire. Leur objectif stratégique est souvent de faire de la maîtrise d'un petit groupe de matériaux ou de compétences de base la colonne vertébrale d'une position dominante, si possible monopolistique, afin de concevoir, produire et commercialiser ces compétences sur toute la surface du globe. Les marchés mondiaux des minéraux, des denrées agricoles, du pétrole, de l'automobile, de l'aviation civile, par exemple, sont dominés par une poignée d'acteurs. On estime qu'une centaine d'acteurs se partagent l'essentiel des secteurs industriels et des services. Les TGE déploient ouvertement des stratégies de dénationalisation et de globalisation : elles visent à instaurer des positions mondiales dominantes à partir desquelles elles imposeront aux États leurs conditions d'implantation.

---

[60] Olivier Basso, *Politique de la Très Grande Entreprise, Leadership et démocratie planétaire*, Puf, 2015, p. 26.

Des problèmes spécifiques apparaissent avec l'émergence de ces entreprises géantes : le territoire des TGE dépasse souvent celui d'une seule région ou nation, et elles sont parfois si puissantes qu'elles influencent à elles seules la situation globale de leur marché. Des lois antitrust avaient été introduites aux États-Unis dès la première moitié du XXe siècle pour encadrer la formidable accumulation de pouvoirs que ces entreprises pouvaient concentrer. Car le gigantisme de ces mastodontes économiques devient un problème pour le marché, pas seulement pour la démocratie. « Aucune théorie politique ou économique ne peut démontrer comment nous pourrions confier nos objectifs collectifs à des grandes entreprises relativement indépendantes vis-à-vis des contraintes du marché, ou capables de les dominer, et qui sont en train de devenir la principale source de pouvoir, bien avant la politique. La théorie de l'école de Chicago et sa thèse sur le bien-être du consommateur essaient de répondre à cette question au niveau économique, de façon peu convaincante, mais elle n'arrive absolument pas à affronter les implications politiques de l'économie politisée, gouvernée par les monopoles, qu'elle légitime[61]. »

Une capacité inédite de transformation du monde

Il faut comprendre à quel point les TGE n'influent pas seulement sur les règles du jeu économique mondial ; elles participent très activement à la construction des sociétés humaines, ainsi que des comportements individuels. Leur

[61] Colin Crunch, *L'étrange survie du néolibéralisme*, p. 188.

puissance globale rivalise avec celle des plus grands empereurs, tsars et autres princes de l'Histoire. Elles contrôlent une grande partie des ressources mondiales - ressources naturelles, humaines, organisationnelles, financières, une partie non négligeable des ressources culturelles (brevets, publications, marques, œuvres d'art…). C'est à ce titre que nous pouvons dire qu'elles configurent une partie essentielle de l'avenir de la biosphère et de l'humanité. Elles représentent une véritable puissance de transformation du monde. Elles sont subrepticement passées à une dimension telle qu'elles représentent le principal agent de configuration de l'avenir collectif. Non seulement parce qu'elles continuent à se concentrer et à occuper un espace toujours plus grand dans la vie des hommes, mais aussi parce que leurs capacités d'intervention technoscientifique et industrielle, à l'échelle mondiale, les conduit à devenir le principal déterminant du cadre de vie future de l'humanité dans son ensemble, incluant les projets d'élaboration de normes, de niveau d'attention aux risques écologiques, aux conditions de travail des salariés, et aux conditions de solidarité en période d'éducation, de maladie, de retraite…

Olivier Basso a fait un résumé de ces influences indirectes des TGE sur les cadres de vie actuels en Occident « …dix groupes se partagent la plupart des grandes marques plébiscitées par les consommateurs du monde entier. Coca Cola, General Mills, Johnson & Johnson, Kellogg's, Kraft, Mars, Nestlé, Procter & Gamble et Unilever se sont constitués *des empires qui règnent sur nos réfrigérateurs et nos armoires, parfois discrètement.* Evoquons également la puissance de Microsoft ou d'Apple, qui ont révolutionné notre rapport à la technologie et nos modes de travail, et créé de gigantesques communautés d'utilisateurs, les apports des géants du BTP (Vinci, Groupe ACS, Bouygues…) dont les chantiers innombrables structurent le *design* des routes, des ponts et des villes dans le monde. Pensons également aux groupes pharmaceutiques mondiaux (Novartis, Pfizer, Sanofi, Merck & Co, Roche…) dont les médicaments (Enbrel, Lentus, Remicade…) nous accompagnent au long de notre vie (anti rhumatismes, antiasthmatiques, antidiabétiques…)[62] ». Chacun comprend à quel point ces organisations géantes constituent des piliers de nos sociétés, qu'elles contribuent directement à façonner.

Les grandes entreprises ont sur l'état du monde une influence grandissante : elles conçoivent, produisent et commercialisent la plus grande partie des biens et services de consommation courante ; elles ont un rôle significatif sur l'élaboration et la diffusion des normes, autorisations, taxations au travers de leurs relations avec les pouvoirs publics ; elles emploient une grande partie des salariés et pèsent d'un poids considérable sur les économies et politiques sociales de secteurs et de territoires entiers. Enfin on peut dire qu'elles redessinent le cadre global de la vie humaine au travers de leurs différentes activités (faim, santé, souffrance, durée de vie…) ou de cette sorte de métaphysique de la rentabilité qu'elles distillent (gestion du corps et de l'esprit en fonction d'une certaine « efficacité » en soi, déclinaison individuelle de la rationalité néolibérale dont nous avons parlé) ou de leurs activités de lobbying dans diverses instances qui, en l'absence de gouvernement mondial, régissent des pans entiers de l'activité économique mondiale (Nations Unies, Think tanks, Société Mont Pèlerin, Forum de Davos, OMC, OCDE, FMI, Banque mondiale). Leurs ambitions affichées n'ont pas de limite. Eric Schmidt, le CEO de Google, veut « réparer tous les problèmes du monde », afin de « rendre le monde meilleur ». Son collègue de

---

62 Olivier Basso, *op. cit.*, p. 31.

Facebook, Mark Zuckerberg, affiche davantage de modestie : « Le monde étant confronté à de nombreux enjeux majeurs, ce que nous tentons de mettre en place en tant qu'entreprise, c'est une infrastructure sur laquelle s'appuyer pour en dénouer un certain nombre. » Dans le sillage de ce type d'orientation stratégique, les TGE enclenchent des phénomènes industriels à grande échelle qui gagnent en importance et en ampleur, tout en étant animés par une dynamique globale hors de tout contrôle - la mondialisation. Cette dynamique globale n'est que l'agrégation d'un grand nombre d'actions individuelles dépourvues de toute intention de ce type. Mais justement nous ne pouvons plus, comme le pensaient Condorcet ou Smith, supposer qu'un grand nombre d'actions individuelles, prises isolément, doivent déboucher sur des résultats positifs pour l'humanité, qui plus est de façon régulière et persistante.

La lettre ouverte du 28 juillet 2015, signée par de nombreuses personnalités dont trois d'entre elles sont mondialement connues pour être des passionnées de nouvelles technologies, mérite l'attention : Elon Musk, Stephen Hawking et Bill Gates ont voulu manifester leurs craintes au sujet des développements très rapides et non maitrisés dans le domaine de l'intelligence artificielle et des robots tueurs. « L'intelligence artificielle a atteint un point où le déploiement de tels systèmes sera - matériellement, sinon légalement - faisable d'ici quelques années, et non décennies, et les enjeux sont importants : les armes autonomes ont été décrites comme la troisième révolution dans les techniques de guerre, après la poudre à canon et les armes nucléaires[63].» Leur lettre a eu le mérite d'attirer l'attention sur les dangers que fait subir à la terre

---

[63] Source web, Google : *Stephen Hawking et Elon Musk réclament l'interdiction des « robots tueurs ».*

entière le passage de drones téléguidés, pilotés par des hommes, à des robots théoriquement plus intelligents et à qui on envisage de transférer le droit de décider de la vie ou de la mort d'un individu. Les jeux vidéo et les films de science-fiction ressortent périodiquement le spectre de la *MegaCorp* internationale, conglomérat géant possédant le monopole sur un ou plusieurs marchés, ignorant de la loi des États, contrôlant politiquement des territoires entiers et des filières d'accès à différentes ressources, formant et entretenant leurs propres milices, détenant d'innombrables informations sur leurs clients, fournisseurs, salariés, dictant leurs lois aux députés et leurs politiques aux gouvernants. La frontière entre réalité et fiction est devenue très ténue.

Sociétés anonymes et responsabilités limitées

Il faut remettre en perspective ce prodigieux pouvoir d'action des TGE avec leur vocation et leur responsabilité globales à l'égard des tiers et de la biosphère. La vocation des entreprises en régime néolibéral a été cadrée par Milton Friedman lui-même, notamment dans son article célèbre de 1973 au titre évocateur : « *The Social Responsability of Business is to Increase its Profits* ». Cette vocation se résume à deux propositions : l'entreprise est la propriété des actionnaires, ses intérêts sont les intérêts des seuls actionnaires. Une entreprise n'a pas d'autre vocation que celle de faire du profit, pour ses actionnaires. Profit soit immédiat (dividendes), soit différé (augmentation du cours de l'action). Toute autre considération, celle par exemple de s'intéresser au bien-être de ses salariés, ou aux enjeux environnementaux, est non motivée (voire interdite, cf. ci-après). La satisfaction des clients ne doit pas aller au-delà de ce qui permet de maximiser à terme l'intérêt de l'actionnaire. On peut observer quotidiennement la traduction dans les faits de ce néolibéralisme en action, au niveau des entreprises, dans l'attention portée à l'accroissement de leur valeur boursière. C'est devenu le juge quasi incontesté de la bonne conduite de la grande entreprise. L'augmentation du cours de l'action est devenue une finalité en soi, dont l'intérêt n'a plus à être explicité.

Ces principes étant également appliqués aux entreprises géantes dont nous venons de décrire le potentiel de configuration de l'état du monde, la situation est donc très spécifique, unique dans l'histoire de l'humanité. En effet, la grande entreprise est à certains égards comme un véhicule juridique sans responsable *in fine* des conséquences non intentionnelles de ses actes. La responsabilité des propriétaires n'est pas engagée par le devenir de leur bien. La responsabilité des actionnaires est limitée à l'apport d'argent qu'ils ont effectué lors de l'achat des actions de la société. Ils ne sont pas assignables au-delà de cet apport. Ils ne peuvent être appelés en justice pour rendre compte de faits commis ni au niveau des filiales, ni au niveau consolidé. Responsabilité encore diluée par la durée de détention des titres de ces entités, qui se raccourcit au fil du temps. « La durée moyenne de détention d'un titre coté… était de 10 ans dans les années 1940, aux États-Unis ; elle est tombée à 7 ans dans les années 1950, à 4 ans dans les années 1970, à 2 ans dans les années 1990, et à 6 mois ces derniers temps. »[64]

Comme le dit Olivier Basso, la construction historique de l'entreprise débouche sur un être inédit. A certains égards la société est juridiquement un être de fiction, mais dont les actes sont bien réels, capables comme on l'a vu de configurer des pans entiers de notre avenir. « La grande Entreprise se présente donc à l'entrée du XXIe siècle comme une étrange entité : elle est à la fois une personne jouissant de droits propres et un simple véhicule démembrable, un acteur collectif et un bien de propriété, dont les actionnaires détiennent des droits de possession assortis d'une assurance en responsabilité qui les exonèrent à hauteur de leur apport. »[65] Elle peut accroître ses actifs et ses moyens d'action, accumuler de la puissance dans les seules limites de sa capacité à s'organiser et à évoluer. La volonté de faire des bénéfices, elle, ne semble pas régulable. Il ne semble pas y avoir de frein possible à la stratégie d'accroissement de valeur pour l'actionnaire. Le risque est clair que la logique néolibérale, dynamisée par les stratégies de ces TGE, chacune sur leurs marchés, conduise à des impasses globales de civilisation sans capacité de les anticiper. Qu'est ce qui pourrait par exemple empêcher des entreprises d'engager des actions qui vont indirectement concourir à acidifier les océans, réchauffer l'atmosphère, détruire des espèces, modifier le génome humain… ? Rien, dans la philosophie néolibérale en général ni dans les modes de gouvernance des TGE, n'est prévu pour anticiper ce type d'impasse de civilisation. Rien n'est prévu pour en faire des sujets de réflexion autres que ceux relatif à la création de valeur

[64] Jean Gatty et Louis Gautier, « L'avenir radieux des spéculateurs », *Le Monde*, 18 septembre 2009.

[65] Olivier Basso, *op. cit.* p. 66.

pour l'actionnaire. Au contraire, il s'agit avec la mondialisation d'accroître cette philosophie néolibérale jusque dans les zones d'activité humaine les plus lointaines des activités commerciales traditionnelles. Rappelons les propos attribués au président du groupe ABB voici quelques années pour caractériser la mondialisation et son interprétation des droits et devoirs à l'échelle de son groupe : « Je définirais la mondialisation comme la liberté pour mon groupe d'investir où et quand il veut, de produire ce qu'il veut, d'acheter et de vendre où il veut et d'avoir à supporter le moins de contraintes possibles en matière de droit du travail et de législation sociale »[66].

Pour faire face à ces risques on se contente d'évoquer l'éthique personnelle des dirigeants. Efficacité minimale assurée. « L'identification d'un responsable au sein d'un groupe transnational est pratiquement la question la plus importante, mais techniquement la plus difficile. Alors que, selon l'OCDE, les opérations intragroupes représentent 60% du commerce international, la notion de groupe n'est reconnue que de façon parcellaire, par exemple en droit de la concurrence, en droit du travail, en droit comptable ou en droit fiscal. Mais en matière sociale et environnementale, la responsabilité est difficile à situer quand le groupe place le contrôle opérationnel entre les mains de « responsables locaux » et réserve à la société mère le contrôle de la stratégie globale, faisant apparaître l'utilité de la notion de « sphère d'influence »[67] ». Il demeure bien sûr plusieurs grandes entreprises détenues par les pouvoirs publics, comme Gazprom en Russie, EDF

---

[66] Percy Barnevik, alors président du groupe ABB, *Le Devoir*, Montréal, 5 mai 2001.

[67] Mireille Delmas-Marty, *Résister, responsabiliser, anticiper*, Seuil, 2013, p. 154.

en France, des géants nationaux qui ne sont pas directement exposés à la logique des marchés financiers. Le cas des entreprises chinoises pourrait aussi être pointé comme une exception. Mais le nombre de ces exceptions est de plus en plus limité. On pourrait par ailleurs montrer que ces exceptions ne sont pas, elles non plus, totalement libres à l'égard des contraintes des marchés financiers. Donc à partir de ce seul principe managérial de maximisation de l'intérêt des actionnaires s'est déployée une méthodologie managériale très efficace à partir des années 1990. A l'aune de ce principe, on a fait rentrer progressivement dans le giron de la pensée économique néolibérale des pans entiers de la civilisation occidentale qui restaient autrefois à l'écart des sphères marchandes. En poussant à l'extrême l'application de ce principe de maximisation de la valeur on peut aussi *évaluer* la pertinence d'une action illégale. Tout, en effet, peut être pesé selon une analyse coûts/bénéfices : le paiement d'une amende, mais aussi le respect des normes, de l'environnement, et pourquoi pas les délits de toute sorte. Il faut comprendre à quel point ce principe est en train de devenir le plus formidable vecteur de négociation et de résolution de problème en Occident. La quête du profit par les entreprises privées détient le grand privilège, en régime néolibéral, de pouvoir se présenter comme un objectif social, y compris pour la réalisation d'objectifs qui n'ont rien à voir avec la maximisation du profit.

La stratégie des TGE, néolibéralisme en action

Selon le modèle de maximisation de la valeur actionnariale, le seul objectif réellement important fixé au management est celui de maximiser les profits de l'entreprise. Tous les autres objectifs sont incorporés dans celui-ci. Selon l'école de Chicago, il s'agit là de la meilleure façon de maximiser la richesse sociale globale, comprenant les points de vue de tous les acteurs. Car, disent-ils, maximiser l'intérêt des actionnaires et celui des consommateurs représente les deux faces d'une même question ; si l'entreprise décevait ses consommateurs, par exemple avec la livraison de mauvais produits ou des services insuffisants, elle perdrait ses parts de marchés, ses marges s'éroderaient et elle ne serait plus en état de maximiser ses profits. Souveraineté du consommateur, bien être du citoyen et valeur actionnariale sont inséparables et il n'est nul besoin d'une intervention publique pour parfaire cette situation.

L'Europe, notamment la France et l'Allemagne, ainsi que le Japon, avaient défendu jusqu'à la fin des années 1980 un modèle distinct, arguant du principe d'une responsabilité globale de l'entreprise vis-à-vis de toutes ses « parties prenantes », et pas seulement de ses actionnaires. Consommateurs, salariés, retraités, communautés locales et bassins d'emplois étaient censés bénéficier également de la bonne santé des entreprises, qui leur étaient donc redevables d'un traitement adapté à leurs échanges avec l'entreprise, et donc à leurs besoins. Mais cette vision a été marginalisée progressivement en raison de la prétendue supériorité du modèle anglo-saxon, dont la bonne santé conjoncturelle était en partie due, nous le comprenons mieux depuis 2008, à la dissimulation de leurs risques et difficultés. Mais de toute façon il faut constater qu'avec la mondialisation croissante, la notion de « parties prenantes » ne convenait plus à des entités censées pouvoir contractualiser, externaliser, localiser et délocaliser rapidement en différents endroits du globe simultanément, sans avoir de compte à rendre à quiconque. Ne rendre des comptes qu'aux actionnaires devenait pour les manageurs en contexte de mondialisation une façon de se simplifier la vie. Ce qui aurait pu ne pas poser de problème insurmontable si ces grandes entreprises avaient été capables de s'insérer dans un tissu de responsabilités juridiques et politiques à la hauteur de leur puissance technicoéconomique. Nous verrons ultérieurement que les dispositifs visant à assurer une certaine responsabilité sociale et environnementale (RSE) de la part des TGE ne modifie pas fondamentalement cette donne. D'ailleurs, vu des TGE, la responsabilité sociale et environnementale ne représente pas un avantage compétitif, elle représente un frein à la compétitivité en régime concurrentiel.

Quelle est la capacité de résilience d'une technico économie mondialisée, dont les principaux acteurs agissent en vertu de leur propre intérêt, en flux tendus, dans un système d'échanges toujours plus complexes et interdépendants ? Les TGE, principaux acteurs de cette économie mondialisée, assemblent des sous-systèmes fabriqués dans le monde entier, avec des matières premières en provenance de dizaines de pays différents, à destination de dizaines d'autres encore différents, au moyen d'une logistique planétaire dans le cadre d'un système d'échange industriel et financier mondialisé, très imbriqué, certainement ingérable. Gérable par qui, d'ailleurs ? Quelle est la capacité de ce système de résister aux perturbations économiques et sociales à venir, de type crise de 2008, réchauffement climatique, épuisement des ressources fossiles ? Une technocratie formate le devenir de l'humanité conformément à ses immenses possibilités de développement matériel. Et les classes dirigeantes de cette technocratie ne disposent pas d'organe pour percevoir les dangers impliqués par leurs stratégies. Il ne faut pas croire que l'innovation telle qu'elle est aujourd'hui conçue résoudra les problèmes que ces mêmes innovations, mal maitrisées, ont occasionnés. Plus le système est complexe et plus il sera sensible à des perturbations de l'extérieur (catastrophes industrielles, réchauffement climatique, géopolitique) ou insensible à d'autres (accroissement des inégalités, perte en biodiversité…)

Sur l'absence de devoirs politiques de la TGE

La dynamique de la mondialisation qui se déploie sous nos yeux au début du XXIe siècle est portée, concrètement, par ces grandes entreprises. Ce sont elles qui mettent en œuvre, dans la pratique, au travers de la *Corporate Gouvernance*, les principes du néolibéralisme tels que nous les avons analysés. Pour une grande entreprise, la science des choix rationnels au sens néolibéral s'interprète, à l'échelle mondiale, en termes de régime fiscal, de coût de la main d'œuvre, de tarifs douaniers, de potentiel lié aux situations démographiques locales, de souplesse par rapport aux enjeux environnementaux. Que l'entreprise soit appréciée ou combattue, elle est devenue le lieu le plus important de l'élaboration des conditions de vie d'aujourd'hui et de demain, pour l'ensemble de la planète. A horizon BH22, les TGE représentent une énorme puissance d'agir qui déterminera très concrètement l'état de la biosphère et de l'humanité. Elles seront de fait parties prenantes de l'élaboration de l'ordre mondial de demain. Le forum de Davos, davantage que les réunions de l'ONU, est perçu aujourd'hui comme un lieu de rencontre des décideurs les plus influents du monde entier. Et tandis que les États exposent toujours plus explicitement leur incapacité à promouvoir un pouvoir public mondialement reconnu, les grandes entreprises se disent prêtes à reconnaître de plus en plus ouvertement une part de cette responsabilité. Nous y reviendrons dans la section suivante.

Mais comment appréhender l'influence considérable des entreprises en général, et des grandes entreprises en particulier, sur d'aussi importantes dimensions de la réalité humaine ? On l'a vu, il existe une grande dissymétrie entre le pouvoir absolu des actionnaires, qui n'ont pas à répondre de leurs actes avec la totalité de leur patrimoine, qui influencent directement le comportement des managers au moyen d'incitations financières - et la quasi absence d'influence des pouvoirs publics, des consommateurs et des salariés qui peuvent pourtant très concrètement pâtir des orientations décidées par ces actionnaires. La grande entreprise est en train *d'ingérer* le monde : elle le globalise, le façonne à son avantage, et l'internalise. Les grandes entreprises sont en position de surplomb par rapport aux États-nations, elles sont en passe de leur dicter leur loi. Le pouvoir politique des TGE apparaît le plus clairement lorsqu'elles déploient leurs opérations de lobbying auprès de diverses législatures locales ou internationales. En fait elles « font leur marché » parmi les différents régimes politiques et sociaux à travers le monde, offrant leur présence créatrice d'emplois à qui saura les séduire avec force facilités fiscales, environnementales ou sociales. Il y a mise en concurrence des territoires au sein des États-nations de la même façon qu'il y a mise en concurrence des États à l'échelle planétaire. « La responsabilité des entreprises transnationales ne semble donc assurée ni par le droit interne limité par sa territorialité, ni par le droit international traditionnellement réservé aux États. La seule exception, destinée à permettre aux investisseurs privés de soumettre à l'arbitrage international leurs litiges avec les États, ne fait qu'accentuer l'asymétrie, car les États n'ont pas la possibilité de poursuivre les investisseurs qui violeraient les droits de l'homme. En effet, l'internationalisation du droit à vocation économique est beaucoup plus rapide et efficace - notamment en termes de mécanismes de contrôle - que l'internationalisation concernant les droits sociaux, ou plus largement les BPM (biens publics mondiaux)[68]. »

Nous nous retrouvons gouvernés aujourd'hui par des TGE qui ont acquis une importance systémique, mais ne rendent des comptes qu'à leurs actionnaires, et des États incapables de déployer toute autre politique que néo-libérale, c'est-à-dire favorisant toutes les règles nécessaires, elles aussi, à la maximisation des intérêts de ces mêmes actionnaires, le tout dans un contexte d'épuisement de plusieurs ressources vitales pour l'humanité, d'accroissement des inégalités, de déstabilisation sociale et politique, de réchauffement climatique. Dans un sens, l'énorme pouvoir des grandes entreprises remplit l'espace laissé vide par un pouvoir politique global inexistant ; il résulte de l'absence de face à face structurant avec le politique au sens large. Ce constat est particulièrement visible dans les rapports Nord/Sud. Alors que les gouvernements des pays en développement sont en compétition pour attirer les investissements directs à l'étranger (FDI) des grandes multinationales, et que le pouvoir de ces multinationales augmente, le manque de cadre légal et social dans ces pays devient de plus en plus critique. L'autorégulation semble ici illusoire, mais aucun dispositif juridique ni politique alternatif ne semble émerger. Les TGE déploient des stratégies mondiales mais n'ont pas d'interlocuteurs publics à cette échelle. Une entreprise qui parvient à se situer à ce niveau découvre un champ de réflexion et d'action très ouvert pour elle, elle y

[68] Mireille Delmas-Marty et Alain Supiot, *Prendre la responsabilité au sérieux*, p. 404-405.

rencontrera peu d'opposants. Dernièrement, en 1993, la création des Sociétés par Actions Simplifiées (SAS), en réduisant à sa plus simple expression la composition des conseils d'administration dans les groupements d'entreprises, a encore accru la plasticité de la gestion au service des actionnaires. Enfin, à partir des années 2010 se sont imposées au niveau européen de nouvelles normes comptables, dénommées normes IFRS 10-11, inspirées des normes américaines, qui modifient encore significativement l'équilibre des rapports entre parties prenantes dans les entreprises : ces normes renforcent l'obligation de fournir, dans les rapports de gestion et dans les bilans des entreprises, des informations à destination des actionnaires, et diminuent les obligations d'informations intéressant les autres tierces parties.

Historiquement, la « société anonyme » et la « responsabilité limitée » ont fourni aux entreprises des instruments exceptionnellement efficaces pour leur développement. La personnalité morale représente en fait un « masque juridique[69] » permettant d'avancer sans contrainte sur des marchés nouveaux ou mal réglementés. Elle équivaut à une déresponsabilisation qui permet de prendre des risques privés à l'abri de protections publiques. Mais, si limiter la responsabilité des entreprises a favorisé leur développement, c'est au détriment de la préservation de nombreux éléments de leur propre cadre de vie. Car un développement déresponsabilisé vis-à-vis de l'environnement ou des populations équivaut à un danger - le danger d'écrasement de tout ce qui ne sera pas fortement protégé sur le marché des échanges. Petit à petit les employeurs se sont sentis autorisés à se désintéresser du temps long de la vie des salariés, de leur santé, de leur éducation, de leurs charges de famille et donc à traiter le

[69] Mireille Delmas-Marty et Alain Supiot, *op.cit.*

travail comme une simple ressource disponible sur un marché organisé autour des calculs d'utilité. Ils ont pris les mêmes libertés avec leur environnement biophysique. Polanyi a déjà largement documenté cette analyse, mais elle prend un tour nouveau depuis l'avènement du néolibéralisme. Il est certes bien difficile, pour analyser les ressorts du formidable développement des entreprises, de faire la part des choses entre progrès technoscientifique, croissance économique et déresponsabilisation juridique. Il paraît cependant clair que l'on doit à la combinaison de ces facteurs l'extraordinaire dette écologique et anthropologique qui caractérise l'*anthropocène*. Les proportions prises par ces phénomènes, depuis l'accélération de la mondialisation, à la fin du XXe siècle, définissent très précisément le chantier à engager en matière de responsabilité.

La TGE n'a pas de vocation politique, mais elle a un impact clairement politique. « Elle ne peut plus désormais s'exonérer de sa responsabilité directe dans la mesure où cet impact sur son environnement met en cause des grands principes d'intérêt collectifs, comme la préservation de la planète, la santé des populations, le respect des droits humains, des cultures et des religions, le fonctionnement de la démocratie, l'intérêt des générations futures ou l'accès de tous aux biens dits publics, c'est-à-dire vitaux et communs : eau, santé, éducation. »[70] Toute notion d'autodiscipline, par exemple vis-à-vis des citoyens, des salariés ou de l'environnement n'a pas de sens pour cet acteur collectif qu'est la grande entreprise. Seule fait loi la rationalité de ses décisions au regard de la création de valeur pour

---

[70] Patrick d'Humières, *Le développement durable va-t-il tuer le capitalisme* ? Editions Maxima, 2010, p. 320.

l'actionnaire. Les TGE sont de véritables « souverainetés privées », des « principautés », des « empires économiques » aux pouvoirs gigantesques. Leur influence sur la vie quotidienne s'accroit, et la finalité de leur comportement doit continuer à interroger. Est-il encore possible de réintégrer leurs actions dans un cadre démocratique et de légitimer leur action économique et extra-économique ? La capacité des TGE à jouer un rôle structurant dans la construction de l'avenir est reconnue par différentes instances. La Oxford Martin Commission[71], par exemple, recommande de mettre en place un nouveau type de coalition pour lutter contre le réchauffement climatique. Elle prend acte des échecs successifs des États à s'entendre de façon coordonnée et propose la mise en place de la « C20-C30-C40 Coalition », visant à articuler les actions des plus grands États, entreprises et villes dans le monde pour coordonner les efforts requis de façon pertinente : les 20 plus grands États, les 30 plus grandes entreprises et les 40 plus grandes cités au monde. Car attendre des États ou des institutions internationales qu'ils protègent, seuls, sans la participation active des TGE, les populations des phénomènes de changement climatique, du recours aux énergies fossiles ou des marchés financiers semble bien illusoire en l'état actuel du fonctionnement des principaux acteurs de la mondialisation. La mondialisation des TGE a donné au capital multinational une latitude sans précédent face aux pouvoirs des États et des organisations syndicales. La conjonction d'une recherche décomplexée de profits et du franchissement de certains seuils biologiques, écologiques et sociétaux a achevé de bouleverser les équilibres apparus au sortir de la seconde guerre mondiale sous le couvert des États Providence. De nouveaux modèles sont requis pour assurer l'avenir à l'horizon BH22.

---

[71] Cf. le site : http://www.oxfordmartin.ox.ac.uk/Commission/

La mondialisation est une transformation silencieuse mais majeure du système national et transnational d'équilibrage et de régulation d'un pouvoir global auparavant dominé par les États. Il y a accroissement du pouvoir effectif des acteurs de l'économie mondiale dans des proportions qui bouleversent tous les équilibres précédents. Il s'agit à la fois d'un pouvoir de faire - développer des produits, des industries, des habitudes, des standards de vie, les enraciner et les localiser en des lieux précis - ou de ne pas faire - refuser de s'installer ici où là en raison de trop faibles subventions ou de contrôles trop insistants -, d'apprécier en fonction d'un éventail de mesures nationales ou régionales du degré d'empressement à satisfaire les attentes du néolibéralisme. La lutte entre États ne s'opère plus seulement sur le plan militaire, elle se transforme en rivalité économique dans le cadre d'une économie mondialisée. La principale clé du pouvoir d'un État n'est plus la puissance militaire, elle est représentée par sa position sur les marchés mondiaux. Elle dépendra des appréciations des agences de notation et, indirectement, du dynamisme des TGE qui sont implantées sur son sol. Cet État sera d'autant plus « fort » qu'il aura ancré dans les esprits les maximes de la mondialisation, qu'il aura transformé ses citoyens en autoentrepreneurs - en entrepreneurs d'eux-mêmes, prêts à organiser leur vie autour de la recherche de la maximisation de la valeur au sens néolibéral. Plus la logique de la mondialisation imprègne les fibres de la vie sociale, plus le pouvoir des acteurs de la mondialisation s'accroit.

✠✠✠

Le commerce peut-il contenir la guerre ? Il semble qu'il y soit parvenu, dans certaines limites, notamment depuis le milieu du XXe siècle jusqu'à nos jours. Tant que le commerce visait à échanger ou produire des choses disponibles en quantités illimitées, sans modifier les grandes lois de l'échange avec la biosphère, il a occupé les hommes et leur a permis de contourner nombre de sources de conflit. Que va-t-il se passer à l'ère de l'anthropocène, devant la perspective de modifier les équilibres de la biosphère, devant la menace d'une raréfaction des ressources, devant les projets de modification du génome des vivants ? Tant que nous étions dans un capitalisme *raisonnable*, enchâssé dans les cadres religieux, naturels ou politiques classiques, la morale, l'éthique et le droit permettaient de circonscrire ses excès. Qui pourrait aujourd'hui expliquer aux ténors du secteur de l'énergie qu'ils doivent laisser en terre certaines ressources fossiles ? Qui pourrait expliquer aux ténors de *l'agrobusiness* qu'ils ne doivent pas manipuler le vivant avant un consensus politique mondial sur cette question. Il est aujourd'hui admis qu'en l'absence de consensus, ou en attente de consensus, la voie est libre pour la recherche de puissance ou de profit. La TGE pose un problème politique bien spécifique, qui reste à ce jour sans solution, car elle joue un rôle politique alors qu'elle n'assume aucune des responsabilités d'une fonction politique. Il y a dérèglement de la loi des échanges. Or il ne s'agit plus de devenir maître et possesseur de la nature, mais plutôt de maîtriser suffisamment les processus de croissance économique afin qu'ils ne basculent pas en destruction totale.

La prodigieuse force des pratiques néolibérales représente aussi la pierre de touche de la mondialisation : l'autorité publique est devenue si faible et anecdotique par rapport aux forces privées de l'économie mondiale, les acteurs privés de la mondialisation ont acquis de tels pouvoirs de légitimation de leurs intérêts particularistes, que nous assistons à l'émergence d'une nouvelle souveraineté économique mondiale. Cette souveraineté, assimilable à une politique de perpétuelle mise devant le fait économique accompli, s'acquiert au prix d'une absence d'évaluation et d'engagement publics qui suscite à la longue incompréhensions, désaccords et perte de confiance dans les principaux acteurs de la mondialisation. Ce déficit de légitimation se traduit en premier lieu par la désintégration des cadres nationaux, mais sans qu'aucun cadre transnational ou autre expression d'une cohérence mondiale n'apparaisse clairement. Situation paradoxale, ou un excès de pouvoir peut conduire à un accroissement de fragilité. A force d'éviter toute interrogation d'essence politique, la pensée néolibérale se retrouve dépourvue de tous moyens et ressources nécessaires à la légitimation des choix stratégiques de ses principaux acteurs. La situation ne peut qu'empirer : l'accroissement de pouvoir des TGE continuera à creuser le fossé entre puissance et légitimation - entre impact réel sur la vie des populations, au moyen de produits et services déterminant toujours plus puissamment les conditions de vie sur la Terre entière -, et absence de mandat pour réaliser cette tâche sans consultation publique. Cette souveraineté économique s'assimile finalement à un totalitarisme d'un genre nouveau, directement issu des pratiques néolibérales sans avoir été le moins du monde anticipé par les pères fondateurs de néolibéralisme – ceux-là mêmes dont l'ambition la plus forte était d'échapper à tout type de totalitarisme. Que ce totalitarisme, non content d'aliéner les populations de la planète entière autour de sa rationalité économique - son petit rationalisme du calcul économique aveugle aux conséquences désastreuses à long terme -, que ce totalitarisme puisse aussi conduire à la dévastation de la biosphère et au suicide de l'humanité, voilà la question à laquelle il s'agit de s'atteler ouvertement à présent.

4. Vide stratégique et déficit ontologique

Les rapports de force entre acteurs économiques et politiques se sont inversés depuis les années 1980, laissant se déterminer en totale liberté, sans débat ni contrôle démocratique, d'importantes options stratégiques aboutissant à configurer l'état à venir de la biosphère. Il faut poursuivre la réflexion, et chercher à comprendre pourquoi aucun contre-pouvoir significatif aux TGE n'a vu le jour jusqu'à présent, alors même qu'il est devenu clair que la stratégie TINA ne peut mener qu'au désastre. On peut certes considérer que le travail des ONG, ou que certaines initiatives citoyennes, cherchent déjà d'autres voies ; pourquoi, alors, ces initiatives ne sont-elles consolidées par aucune force englobante qui parvienne à peser concrètement sur les orientations de TINA ? Et comment réfléchir à un horizon global BH22 quand les démocraties libérales sont pensées, construites et dirigées par des experts, des techniciens, des spécialistes, des manageurs dont le métier est justement d'effacer la perception de la globalité et du long terme, et de proposer des tactiques de concentration sur la pensée et l'action immédiates et en silo ?

On a cessé de vouloir définir le réel

Le sage de la Chine classique a au moins deux qualités disparues de la panoplie des compétences du dirigeant occidental. Pour le sage chinois, sagesse et stratégie sont deux termes équivalents ; pour lui, la situation stratégique est « capacité de détermination du réel ». Nous en sommes bien loin actuellement avec nos dirigeants passagers, à la tête de sociétés anonymes, aux responsabilités limitées. Il existe au contraire en Occident une véritable prime à la prise de risque, à l'irresponsabilité stratégique, avec « éloge de l'inconséquence » comme l'a bien illustré L. Kolakowski. Au moment où notre capacité de construction de l'avenir est en progression, il se pourrait que nous ayons perdu notre capacité à penser le contenu et les orientations de cette construction ; que notre capacité d'anticipation soit en recul, ainsi que notre responsabilité à l'égard de ce futur que nous construisons comme malgré nous, mais sans le vouloir, en aveugle. Philippe Baumard demande : « Comment expliquer que ce qui fait la particularité du genre humain - sa capacité à résoudre stratégiquement les problèmes qui dépassent son échelle individuelle d'entendement - semble s'être épuisé au début du XXIè siècle ? »[72] Comment se fait-il que petit à petit l'officier et le stratège ont perdu leurs prérogatives au bénéfice de l'ingénieur et du comptable ? Parce qu'ils ont perdu l'ambition et les moyens de situer leur action au niveau de la construction du réel, de l'ontologie - telle est la thèse défendue dans ce chapitre.

Peut-être devrait-on s'inspirer ici, pour éclairer ce questionnement à propos de la décision stratégique dans le cadre d'une économie mondialisée, du bond conceptuel qu'avait permis Clausewitz dans le domaine militaire. Clausewitz était parti de l'idée que politique et guerre relevaient de la même ontologie. Selon sa célèbre formule, « la guerre est la continuation de la politique par d'autres moyens ». Disant cela, il avait ouvert la possibilité de la « guerre totale », celle qu'on ne lance pas seulement pour gagner une bataille, celle qu'on engage pour redéfinir l'ontologie des choses, au besoin par l'anéantissement de l'ennemi. Il a donc élevé la stratégie guerrière au même niveau que la politique. « Clausewitz offre un *continuum*

---

[72] Philippe Baumard, *La stratégie du vide*, p. 19.

là où il y avait avant des espaces séparés et des dimensions différentes. Il n'y a plus d'un côté le temps de la guerre, et de l'autre celui de la politique et de la diplomatie, mais un seul univers stratégique où guerre, annihilation, politique, persuasion appartiennent toutes à une même et seule dimension. »[73] Méditons un instant sur cette idée, appliquée à la décision stratégique en régime de technico économie libérale et mondialisée.

Il faut se rendre à l'évidence : on a cessé de *vouloir* définir le réel. On définit de plus en plus clairement le réel à travers d'importants programmes d'investissement, de fabrication de masse, de délocalisations, d'intrusion dans les divers champs de la réalité modifiée, notamment dans les domaines de la chimie, de l'atome, du gène, du numérique, mais on touche à ces éléments du réel sans volonté de construire un monde plutôt qu'un autre - uniquement en vertu de tâtonnements technoscientifiques et marketing ayant pour objectifs de constituer des niches de puissance, de développement et de profit. On se réfugie derrière l'idée que nous ne faisons qu'égratigner un réel déjà donné, réel qui saura bien réparer lui-même les éventuels dommages que nous pouvons lui infliger. Par là on s'est résolu à *subir* le réel, y compris celui que nous façonnons directement ; et nous cherchons à le *mater* lorsqu'il résiste à nos plans de transformation, ou lorsqu'il évolue dans des directions imprévues. Ainsi en va-t-il des projets de géo ingénierie climatique. La planète ne veut pas cesser de se réchauffer ? Qu'importe, nous allons la climatiser. De gré ou de force nous la contraindrons à se refroidir. Cela paraît-il dangereux, risqué ? Pas de problème, nous sommes dans une culture de la prise de risque, il sera toujours plus facile de trouver sur les marchés financiers des fonds pour enclencher des

---

[73] *Ibid*, p. 43.

programmes de géo ingénierie climatique, aussi farfelus soient-ils, que pour enclencher des programmes de réduction de la consommation d'hydrocarbures. Il en va de même de *l'agrobusiness*. La nature s'épuise de notre agriculture intensive, faite d'engrais chimiques, de pesticides et de transports énergivores ? Elle nous suggère de retrouver les équilibres d'une agriculture biologique, sur base d'échanges locaux ? Qu'importe, nous allons la *mater* à coups d'OGM et d'hyperspécialisations locales. Notre économie de la ressource fossile se dirige tout droit vers l'épuisement ? Aucun des dirigeants des principales entités politiques ou économiques, en régime d'économie mondialisée, aucune institution internationale, personne n'est en charge de se poser ces questions éminemment *stratégiques*. Il n'en a pas toujours été ainsi. La stratégie se résume aujourd'hui à l'optimisation des facteurs nécessaires à l'atteinte d'un objectif. Elle consistait hier à définir une *raison d'être*, à viser un épanouissement de ce qui *est*, en vue de *déterminer* ce qui doit advenir. Ce faisant, elle prenait en charge la responsabilité de la construction du présent et la préparation de l'avenir. La pensée néolibérale s'est affranchie des garde-fous du religieux et de la nature, mais elle n'a rencontré aucune transcendance sur laquelle s'appuyer pour construire un projet collectif. Pire, les idéaux de liberté, égalité, fraternité qui lui ont longtemps servi de fond de pensée dans les *démocraties libérales* sont devenus caducs depuis qu'il est clair que les niveaux de vie occidentaux ne sont pas extrapolables à l'échelle du monde.

Il faut saisir comment la stratégie dans le monde de l'entreprise s'est éloignée de son rôle de détermination du réel pour se recentrer sur un simple effort d'accumulation de ressources : les entreprises doivent maintenir ou faire croître leurs profits, et pour cela se comporter de façon *optimale*, c'est-à-dire le plus souvent se développer en se recentrant sur ce qui permet d'assurer le mieux ses profits, son *cœur de métier*. L'objectif d'une maximisation des profits grâce au contrôle des ressources nécessaires à la perpétuation de ces profits, s'est imposé comme la toile de fond de la pensée stratégique néolibérale. « L'idée est dès lors installée que ce qui est « stratégique » se définit par ce qui menace ou sécurise la pérennité du système social, qu'il soit nation ou organisation économique. Le champ de la stratégie va se structurer autour de cette acception fondatrice[74]. » Le questionnement stratégique ne vise plus l'intérêt du genre humain, il s'est recroquevillé sur la captation des ressources et sur l'optimisation de la division des tâches en vue de la pérennisation des activités et des profits. Le savoir stratégique est réduit à une somme d'enseignements tactiques : positionnement concurrentiel, *benchmarks*, retour sur investissement, bénéfices actualisés. La stratégie, en tant que discipline, a délaissé le questionnement sur le devenir du monde et du genre humain et ne représente plus qu'une boîte à outils composée de statistiques, de matrices, de modèles. L'art initial de la stratégie, celui qui cherchait à mesurer l'impact global de l'action humaine sur le réel, celui qui visait la construction d'un monde, s'est éclaté en un ensemble de sous-disciplines techniques visant à la pérennisation des activités et à l'optimisation des profits dans différentes régions de l'être. D'où la dérive des pratiques stratégiques vers le verrouillage des dynamiques d'interactions concurrentielles au détriment de l'attention aux implications sur le long terme. La seule relation durable sur laquelle il est payant de miser, c'est la relation avec le client, dans le respect des retours pour l'actionnaire. Tout le reste est variable d'ajustement. En vision de long terme, le monde et le genre humain sont des variables d'ajustement de la pensée tactique néolibérale.

---

[74] *Ibid*, p. 51.

Et, doucement, on s'est habitués à penser que les choix de société ne sont plus des choix stratégiques.

De la stratégie à la tactique, raccourcissement des horizons

Il faut s'interroger sur les raisons de ces glissements d'une stratégie d'abord conçue comme un art de la guerre, au service d'un Prince, à une stratégie ensuite perçue comme une recherche d'optimisation des intérêts d'une nation ou d'une firme, et enfin, au début du XXIe siècle, à la perception d'une pluralité d'impasses stratégiques néfastes pour le genre humain, mais cependant difficiles à infléchir. Nous sommes au centre d'une crise de la pensée stratégique dont l'origine est certainement à rechercher du côté de l'évolution de la temporalité des sociétés occidentales. Nous vivons une accélération de la vitesse de conception et d'échange des marchandises, services et informations, vitesse qui perturbe tout autant le citoyen, le consommateur, que le stratège. Dans une économie de la vitesse, les décideurs découvrent *a posteriori* certaines des conséquences des décisions qu'ils ont eux-mêmes engagées. Car dans le monde contemporain, en régime de mondialisation, les tactiques opportunistes, même lorsqu'elles sont dépourvues de visée volontariste de configuration du réel, sont génératrices d'action et de temps. Elles impriment un rythme au devenir social, sans le vouloir ni même le comprendre. Le monde contemporain est ainsi configuré par une somme de tactiques aveugles qui visent à maximiser les intérêts immédiats de chacun de ses principaux acteurs, eux-mêmes dépourvus de capacité de projection des implications sur longue durée de leurs décisions. Si les prévisions à long terme sont déjà difficiles à effectuer dans un environnement à faible variance, elles deviennent impossibles quand le nombre des actions augmente et s'accélère. « La plupart des responsables ont ainsi une vision très approximative de leur propre industrie. L'imprécision des perceptions s'accentue au niveau directorial : plus on monte dans l'organisation, plus les stratèges gèrent des organisations imaginaires avec des données imaginées.[75] » Souvent la stratégie ne vise plus à orienter le cortège des initiatives privées sur le vaste marché mondial, elle essaie plus modestement de décrypter, avec aussi peu de retard que possible sur la réalité, la cohérence des mouvements qu'elle observe et elle en propose une lecture si possible originale, adaptée à l'histoire et à la vocation de sa propre entité, nation ou entreprise privée. On peut estimer que dès la fin du XXe siècle les entreprises se sont découvertes dépassées par le mouvement et la globalisation qu'elles-mêmes produisent quotidiennement.

Dans cet univers mouvant et en accélération, fait de matières premières et d'énergies fossiles bon marché (à partir du moment où le mythe de la destruction créatrice nous exonère de nous soucier de leur renouvellement), cet univers donc de coûts de manufacture et de transports très faibles, de *dumping* social, fiscal et environnemental à grande échelle - dans cet univers, deux tactiques faisant office de stratégies se détachent et assurent le succès de leurs promoteurs : « la *préemption*, c'est-à-dire aller plus vite que ses concurrents, ou la *domination*, c'est-à-dire imposer par la force, les armes, la coercition et la dissuasion une position de *marché*[76] ». Dans cet univers les bénéfices sont d'autant plus élevés que l'on se situe à

[75] *Ibid*, p. 59.

[76] *Ibid*, p. 60.

la limite de la légalité, de la criminalité. La frontière est ténue entre optimisation fiscale, sociale ou environnementale et association de malfaiteurs, ou État voyou. C'est une lourde question de comprendre si le développement de l'économie mondialisée, tel que nous l'observons actuellement, se rapproche ou se distingue des organisations criminelles. Jouer avec les limites de la biosphère, par exemple, devient *objectivement* dangereux, et potentiellement coupable, depuis notre prise de conscience de l'entrée dans l'anthropocène.

Dans cet univers, aucun État ou aucune entreprise ne peuvent espérer de meilleurs résultats scientifiques, militaires ou économiques parce qu'ils auraient mis au point un plan, une stratégie, ou même une vocation ou une destinée. Etant donnés la rapidité des échanges d'informations et le rythme des retournements tactiques, il y a trop peu de chance que les prémisses prises en compte au moment de la préparation stratégique soient encore pertinentes au moment du bilan des actions envisagées. Les entreprises constatent *a posteriori* que leurs perceptions des positionnements stratégiques sont rarement exactes et qu'elles ont un pouvoir explicatif assez faible sur l'aboutissement d'une initiative concurrentielle. Nous sommes entrés dans l'époque des batailles sans stratégies, où les idées mêmes d'alternative ou de révolution ont perdu leur sens. La configuration de la réalité s'opère sans dessein conscient, contrarié et encore moins combattu. Rien, strictement rien ne semble en mesure de faire contrepoids au déploiement de la mondialisation aveugle qui joue avec les limites écologiques et anthropologiques de l'humanité présente et à venir. Comme le note Baumard qui s'appuie ici sur le constat de spécialistes des conflits armés, « l'absurde gagne contre le plan, l'incongruité contre la modélisation. Les conflits deviennent asymétriques, non pas parce que l'on entre dans une confrontation entre dans un rapport du faible au fort, mais parce que l'on entre dans une confrontation de la singularité contre le modèle »[77].

Il ne faudrait surtout pas croire que la mondialisation résulte d'une grande stratégie consciente de certains de ses acteurs. C'est l'inverse qui se déroule sous nos yeux : de grands acteurs, de plus en plus puissants mais incapables d'anticiper les conséquences de leurs stratégies, configurent le monde en aveugle. Un monde où les tactiques rapides, les effets d'annonce, les cessions-acquisitions surprise, les restructurations et délocalisations mondialisées sont bien supérieurs, en termes de retours sur investissements, à toutes les stratégies construites et les planifications sur longue durée. Une stratégie de long terme devient même risquée dans ce type de logique. L'excès de rationalité engendrée par la perspective de long terme peut rapidement se révéler coercitive, contreproductive, ou encourager des comportements collectifs aveugles qui s'apparenteront à des dénis de réalité, là où l'urgence imposerait de rapides revirements tactiques. Dans la mesure où elle relativise l'importance de la longue durée, une approche de type simplement tactique, sans prétentions autres que celles figurant sur l'agenda du présent ou du futur immédiat, garantira la flexibilité tant recherchée par toutes les organisations contemporaines en contexte concurrentiel. Les prévisions de long terme sont porteuses de trop de risques d'erreur dans un monde qui change plus rapidement dans les faits que nous ne sommes capables de l'anticiper. La focalisation sur des objectifs tactiques permet d'éviter de trop longs tunnels de projections hasardeuses.

---

[77] *Ibid*, p. 63.

Vide stratégique et déficit ontologique

Tout au long du XXe siècle la stratégie, en prenant ses distances avec les idéologies, s'est progressivement rabattue sur la mesure des interactions concurrentielles, sur l'analyse des *benchmarks* et de leurs enseignements tactiques locaux. Les marchés encouragent vivement l'ajustement permanent et sont peu friands de projets sur longue durée ; ils préfèrent nettement les capacités de retournement rapide, la flexibilité des acteurs, le zéro stock et le *juste à temps*. Ils acceptent l'idée d'œuvrer dans le cadre d'une rationalité limitée au sein de laquelle le sens antique du terme *stratégie* a disparu. Nous sommes résolument installés dans un vide stratégique problématique mais assumé, où le plus puissant moteur de décision découle des perspectives de profit à court terme. La stratégie qui se dispense de visualiser les implications de ses actions, qui s'exonère de se représenter le réel qui résultera de ses actions, cette stratégie-là accepte d'être structurée sur la pensée du vide. A l'inverse d'un dispositif visant la construction ou la domination du monde, la stratégie néolibérale d'arrangements tactiques tourne autour du vide. L'indétermination ontologique, celle qui consiste à ne pas prendre ses responsabilités vis-à-vis de la construction du réel, cette indétermination structure, contrôle et paralyse la prise de décision autour du néant. La tactique économique néolibérale est devenue ouvertement nihiliste.

Prenons des exemples. Il existe des enjeux bien identifiés : enjeux écologiques, enjeux énergétiques, enjeux politiques, enjeux climatiques, enjeux de sécurité. La pensée stratégique contemporaine raisonne à l'intérieur de ces enjeux. Au mieux elle cherche à configurer ses tactiques vis-à-vis de l'un de d'entre eux. Elle n'a pas la dimension ontologique au sens où elle chercherait à projeter ses orientations à l'échelle du monde, sur le front de tous les enjeux contemporains de civilisation. Elle se contente de *micromanagement* du champ de bataille, de coordination de tactiques opportunistes. Il lui suffit de mettre en place une panoplie d'indicateurs qui viendra saturer le réel jusqu'à obstruer la perception de ses métamorphoses. Les puits de pétrole sont saturés de capteurs qui empêchent de mesurer leur épuisement. Le climat est saturé de capteurs qui retardent l'élaboration de politiques efficaces contre le réchauffement climatique. La tactique au sens contemporain crée des leurres qui dessinent un vide ontologique ou nous éloignent du réel, en vertu d'une mystification collective acceptée au niveau mondial. Dans ce vide sans visibilité stratégique naissent des monstres, de dimension mondiale eux aussi. Comment rassurer un acteur qui sait pertinemment que la stratégie de son gouvernement ou de son entreprise ne mène à rien, ne vise à rien de clair sur le long terme ? Comment rassurer par exemple dans le contexte d'une absence totale de gestion de la crise climatique actuelle, crise dont certains des contributeurs les plus importants vont jusqu'à *nier* la réalité ? A bien y réfléchir, le vide stratégique conduit au vide ontologique, qui brouille la perception tant du réel que du possible, de l'imaginaire, et occasionne la montée aux extrêmes et l'escalade de la violence. Et sur le fond de ce néant, le fondamentalisme de la concurrence retrouve le chemin de la guerre. Le *doux commerce*, dépouillé de ses visées idéologiques initiales, se mue en conflictualité généralisée. En quoi d'autre que la guerre pourrait aboutir le commerce néolibéral des énergies fossiles ou des matières premières non renouvelables ? Et, cercle vicieux, pas de possibilité d'en sortir sans visibilité stratégique : on pourra peut-être panser temporairement quelques plaies, on ne pourra véritablement guérir de rien sans visibilité à long terme.

L'abandon du long terme pour le court terme, du stratégique pour le tactique, n'est pas anodin, ne représente pas une simple différence de degré dans une conception du monde et du sens de l'agir humain dans le monde contemporain. Il représente une différence de nature dans la mesure où il exonère le décideur d'envisager les implications de ses décisions sur le modèle de société qu'il contribue à façonner. Il est un des facteurs explicatifs de l'aveuglement des principaux acteurs de la planète sur l'épuisement des ressources naturelles, la consommation des stocks de matières, la prolifération du nucléaire, le réchauffement climatique, l'accroissement des inégalités. Autant de drames qui n'en sont pas pour qui ne pèse les dangers que sur le très court terme. Le rabattement du stratégique sur le tactique légitime en quelque sorte l'absence de responsabilité sur la longue durée. Chaque acteur est encouragé à abdiquer sans regret sa vision de long terme, à explorer toutes les tactiques possibles dans le cadre de sa rationalité limitée et dans le voisinage immédiat de son contexte concurrentiel local. Le reste n'est que perte de temps. La prise de risque tant célébrée, même à l'ère de l'anthropocène, reste en fait la promotion de l'inconscience ; l'autorisation de décider en l'absence de visibilité stratégique, dans le cadre d'une simple gestion tactique de l'événement, déconnectée de toute ambition de mesure des impacts écologiques et anthropologiques de ces prises de risques. Il est particulièrement problématique d'avoir à œuvrer dans une économie globale qui a perdu la capacité de discuter de ses horizons stratégiques globaux. Il paraît aujourd'hui clair que ces succès tactiques sur le court terme mèneront à l'échec global sur longue durée.

Il est difficile de déterminer si c'est la succession et l'imprévisibilité des menaces globales, ou si c'est l'absence de vision stratégique sur les conséquences des stratégies des principaux acteurs de la civilisation occidentale qui a produit le monde tel qu'il est aujourd'hui sous nos yeux. Comme l'explique Baumard, en situation de « vide stratégique », les principaux acteurs de l'économie monde en sont réduits, face à des enjeux de déformation génétique, de réchauffement climatique, d'accroissement des inégalités - à des réponses tactiques qui visent à faire « toujours plus de la même chose » : recherche de la croissance pour la croissance, usage d'énergies fossiles dont l'efficacité est inférieure au coût de production, consommation frénétique de diverses matières en phase d'épuisement, usage violent de tous les artifices de la productivité : engrais, nitrates, insecticides, robotisation maximisée sans égard pour les implications de ces usages au-delà de leur avantage tactique dans l'horizon court-termiste du champ de bataille concurrentiel. Ce vide stratégique, dit encore Baumard, ne s'est pas révélé à nous brutalement, au début du XXIe siècle. « Il est le produit d'une très longue construction qui a remplacé l'art de la stratégie par l'obsession de l'écrasement tactique[78]». Il précise : « A force de *ne plus vouloir définir,* nous nous sommes collectivement contraints à un capitalisme de la punition permanente qui se maintient par la peur psychologique de son effondrement ; un capitalisme somatique qui a entrainé avec lui une société où la mort à crédit est devenue une réalité[79] ». Il y a *dumping* temporel, déport organisé de responsabilité des principaux acteurs au-delà du domaine tactique de court terme. L'avenir n'ayant pas de

[78] *Ibid*, p. 240.

[79] *Ibid*, p. 241.

représentants, pas d'avocat, c'est une « stratégie » gagnée d'avance, sans réelle opposition sur le champ de bataille de l'économie mondialisée.

Notre civilisation est peut-être la plus créative et la plus puissante de toutes les civilisations apparues sur la Terre, mais elle en devient aussi, paradoxalement, la plus fragile. Elle semble avoir plus de probabilités de disparaître brusquement que la civilisation romaine, pascuane, ou encore que les civilisations amérindiennes qu'elle pousse aujourd'hui au bord du gouffre. Car elle ne dispose plus des garde-fous tels que la religion, le sacré - ou les sagesses antiques qui ont pu jouer ce rôle jusqu'il y a peu, avant l'ère de l'industrialisation et de la mondialisation. Les bénéfices toujours plus sensationnels de la technico économie mondialisée dessinent en parallèle un avenir toujours plus périlleux à l'horizon BH22. Aucune alternative solide ne paraît possible car rien n'a la force de s'opposer au capitalisme, qui poursuit son déploiement tout en éprouvant chaque jour son incapacité à apporter des solutions autres que technicocommerciales aux dérèglements qu'il engendre. Intellectuels, experts, entrepreneurs semblent enfermés dans des carcans théoriques libéraux et des dispositifs pratiques (mythe de l'innovation, analyse de la valeur, comptabilité, marchés financiers, normes diverses…) qui brident toute tentative de sortie des impasses stratégiques dans lesquelles la civilisation occidentale est embourbée. L'effondrement récent, après la chute du mur de Berlin, de ce qui avait représenté l'alternative socialiste au libéralisme économique pendant plus d'un siècle, accroit encore le sentiment de vide stratégique alternatif face aux pratiques néolibérales, même lorsque celles-ci paraissent particulièrement problématiques pour la poursuite de l'aventure humaine. L'esprit du capitalisme tient pour de bon dans cette expression caricaturale de Sloterdjik déjà relevée: « après nous le déluge[80] » ; son expansion, accélérée depuis le surcroît de mondialisation de ces dernières décennies, est en train de fragiliser les conditions de perpétuation de vie sur la Terre. Ni les États, ni les entreprises ne sont en mesure d'affronter et de corriger les processus qu'ils ont eux-mêmes enclenchés.

Le problème essentiel est celui de notre désarmement politique face aux logiques technicoéconomiques qui ont pris le dessus. En effet, une partie à présent significative de l'humanité a certainement conscience de ce qui l'attend, mais elle est dominée par des groupes publics ou privés qui entendent préserver leur domination actuelle quitte à entrer en état de guerre économique ou militaire. Nous assistons, impuissants, à l'extinction des institutions classiques qui relevaient d'autres principes que ceux du profit ou de la puissance. Nous avons parfois l'impression que l'eugénisme libéral, le fascisme écologique ou la résurgence des nationalismes belliqueux sont les ornières desquelles la civilisation occidentale ne parviendra pas à sortir, entraînant avec elle la planète dans sa totalité - sauf à imaginer un énorme et rapide retournement de situation. Il est urgent d'élaborer une rationalité apte à contenir la violence imprévisible contenue dans diverses stratégies technicoéconomiques mondialisées. Mais cette rationalité ne pourra plus reposer sur des prémisses militaires ni même politiques. La perspective de catastrophe doit être intégrée à la rationalité et susciter des orientations stratégiques sécurisées, indiquer des chemins à l'abri des catastrophes. Pour l'instant, incapable de résister à la puissance commerciale de ces stratégies en régime concurrentiel, la raison lui offre un boulevard en la justifiant à grands renforts de statistiques et de profits.

---

[80] Peter Sloterdjik, *Après nous le déluge. Les Temps modernes comme expérience anti généalogique*, Payot, 2016.

Les limites de la spécialisation

La pensée stratégique est également paralysée par notre culture actuelle de la spécialisation. La mondialisation et les risques qui en découlent ne ressortent que rarement d'une discipline ou filière spécifique. On ne peut les traiter en spécialiste, ni les fixer en regard d'une rationalité fixe et déterminée. Constater un risque, c'est déjà souvent réaliser une synthèse entre différents langages, disciplines, secteurs, entreprises et institutions publiques et privées. Les disciplines scientifiques telles qu'elles ont été conçues, notamment avec leur répartition de tâches hyperspécialisées, leurs théories et méthodes qui communiquent mal entre elles, ainsi que leur absence de rapport global avec la réalité naturelle et sociale, ne représentent pas de solides appuis au moment de prendre des décisions opérationnelles vis-à-vis des enjeux contemporains de civilisation - enjeux qu'elles contribuent souvent à faire naître et croître. D'ailleurs elles se muent le plus souvent en défenseures et légitimatrices de la minimisation d'un risque, d'une pollution de l'air, du déclin de la biodiversité.

> Les risques *échappent* à la distinction entre théorie et pratique, ils *échappent* aux frontières des domaines et des disciplines, aux compétences spécialisées et aux attributions institutionnelles, à la distinction entre valeur et fait (et du même coup entre éthique et science), à la répartition institutionnelle des secteurs de la politique, de l'opinion publique, de la science et de l'économie. Dans la société du risque, d'un point de vue théorétique,-systémique et organisationnel, le problème crucial est d'arriver à *défaire* la différenciation des sous-systèmes et des fonctions attribuées, et

> à *reconstituer* une cohésion des spécialistes, à *unifier* le travail de lutte contre le risque.[81]

Comment identifier alors les vrais problèmes, les lieux de prise de décision, les responsabilités, les possibilités de modifier la tournure des événements ? L'interférence des acteurs et intérêts en présence dans les enjeux planétaires est-elle réellement déchiffrable ?

> En d'autres termes cette répartition des tâches hyper-élaborée équivaut à un réseau de complicité générale, laquelle équivaut à une irresponsabilité générale. Chacun est cause et effet à la fois, et personne ne peut donc être cause de quoi que ce soit. Les causes se dissolvent dans l'interchangeabilité générale des acteurs et des circonstances, des réactions et des contre-réactions. C'est ce qui assure la popularité du système[82].

Le problème est déjà significatif lorsqu'il s'agit d'évaluer les conséquences de risques déjà survenus. Mais qu'en est-il des risques concernant le futur, par exemple à l'horizon BH22, des risques qui reposent en partie sur le prolongement de tendances visibles, en partie sur des risques présumés, et en partie sur des risques imprévisibles au moment où l'on pose cette question ? En acceptant d'évoluer dans un contexte d'accroissement des risques et d'hyperspécialisation de la mesure de ces risques, on prépare un avenir bouché, rétréci, pour un délai incertain, sur le chemin d'un devenir invivable pour l'humanité. Il faudrait envisager une logique sociale fondée sur le principe de déspécialisation généralisée des tâches, à l'opposé de la division du travail qui se déploie toujours aujourd'hui au nom de l'efficacité économique. Imaginer les bases d'une société de la déspécialisation généralisée, au sein de laquelle les aires d'activité de chacun se

---

[81] Ulrich Beck, *La société du risque. Sur la voie d'une autre modernité*, p. 127.

[82] *Ibid*, p. 59.

multiplieraient au lieu de rétrécir, faisant passer au second plan les objectifs de *productivité*.

Les phénomènes mondiaux ne peuvent être appréhendés que sous la forme d'unités à la fois sociale, économique, culturelle, politique. Or, l'organisation disciplinaire de ces phénomènes continue à compartimenter la réflexion selon l'importance historique et politique accordée à chacun de ces domaines par les cultures propres aux différentes nations. Tandis que les pratiques transnationales encadrent l'activité de nombre de domaines, et notamment des domaines de l'économie mondialisée autour de ces pratiques, les disciplines scientifiques et les sciences sociales ont toujours un discours sur le monde qui reste construit sur leurs bases compartimentées. Nous avons d'un côté l'émergence spontanée de pratiques transnationales dynamiques qui formatent activement des pans entiers du présent et de l'avenir de l'humanité, et d'un autre côté une érosion épistémologique des théories censées décrire, comprendre, reformuler et idéalement proposer des alternatives à ce formatage technicoéconomique qui nous conduit, sauf erreur d'appréciation, vers l'effondrement. Comme l'expliquait Jonas, ce n'est plus l'esprit individuel, c'est de plus en plus l'esprit collectif qui stocke le savoir, au moyen du phénomène de spécialisation inhérent au développement du savoir. Spécialisation devant la multiplication des matériaux du savoir, de ses méthodologies, subdivisions et capitalisations toujours plus fines et fragmentées.

> L'individu paie la participation créative au processus, et même déjà une authentique compréhension avertie de simple observateur, par le renoncement à partager la possession de tout cela, exception faite de son étroite compétence. Tandis que s'accroit le capital total du savoir, le savoir de l'individu devient toujours plus fragmentaire. Or nous parlons ici de ceux

> qui participent au processus de la science, des chercheurs et des experts eux-mêmes. En outre tout ce savoir devient toujours plus ésotérique, toujours moins communicable aux profanes, il a ainsi exclu la majeure partie des vivants.[83]

Il est probable que le contemporain de Newton n'était pas aussi démuni devant son œuvre que l'homme d'aujourd'hui devant les mystères de la relativité, des nanotechnologies ou du fonctionnement des marchés financiers. Le fossé s'élargit, pour le citoyen, pour le spécialiste dès qu'il doit réfléchir hors de sa sphère de spécialisation, et surtout pour les dirigeants qui n'ont aucun repère pour apprécier les orientations collectives qu'ils prennent et doivent alors piloter à vue, acceptant, pour garder le pouvoir, le risque de subir des injonctions contradictoires (actionnaires, employés, consommateurs, pouvoirs publics, générations futures…) sur fond de perspective à présent globalement catastrophiste. Ces constats sont des données d'entrée pour la réflexion stratégique et prospective au XXIe siècle. Ils imposent un sursaut en matière d'anticipation. Nous devrons rompre rapidement avec la confiance paresseuse que nous accordions à tous les spécialistes qui nous promettaient monts et merveilles aux confins de leurs stratégies de niche.

Faire de l'avenir le point d'arrivée de la pensée stratégique

Comment se fait-il que la civilisation occidentale n'ait toujours pas accouché d'une méthode d'anticipation

[83] Hans Jonas, *Le principe responsabilité, une éthique pour la civilisation technologique*, p. 312.

solidement structurée ? Comme se fait-il que nous en soyons réduits aujourd'hui encore à découvrir après coup les conséquences de l'agir humain ? D'où vient l'existence d'une lacune aussi énorme dans l'édifice par ailleurs si remarquable et globalement performant de notre civilisation ? Qu'est-ce qu'une économie qui ne prend pas le temps de discuter de ses horizons de longue durée, de la raison d'être de ses investissements ? Comment avons-nous pu nous y prendre pour donner à quelques-uns l'autorisation de risquer l'avenir de tous ? Pourrait-on imaginer une méthode d'anticipation qui permettrait de reprendre la main sur cette situation, de faire quelques progrès en matière d'anticipation collective ?

Si seulement nous avions pris conscience de l'anthropocène auparavant. Ce concept tombe au mauvais moment, remarque ironiquement Bruno Latour. Nous qui sommes déjà au fond de plusieurs impasses stratégiques, voilà que nous devrions en plus nous occuper d'assurer le fait qu'un futur puisse advenir. Au moment où nous achevons cette superbe universalisation des définitions du monde et de l'homme - au travers de la monétarisation, de la mondialisation et de la numérisation à l'occidentale - à ce moment précis où l'on pouvait commencer à envisager de magnifiques aventures dans la réalité modifiée, on apprend que nos projets peuvent conduire à des bouleversements irréversibles des conditions de vie de l'humanité. Pas de chance, explique Latour. « Il faut affronter le monde avec un humain réduit à un tout petit nombre de compétences intellectuelles, doté d'un cerveau capable de faire de simples calculs de capitalisation et de consommation. » Au moment même où nous devons redevenir capables de faire de la stratégie et de la politique, « … on n'a plus à notre disposition que les pathétiques ressources du *management* et de la *gouvernance*. Jamais une définition plus provinciale de l'humanité n'a été transformée en standard universel de comportement »[84].

Il peut paraître paradoxal de parler d'un recul de la capacité à définir le réel à l'époque de notre surpuissance technoscientifique, en pleine campagne de publicité pour la réalité augmentée et le post humain. Il est possible que la numérisation, par exemple, augmente avec la même intensité notre capacité de contrôle que notre capacité de nous soustraire à tout contrôle. Il est aussi possible que les hommes participent de moins en moins aux processus politiques à mesure qu'ils accèdent à une connaissance de plus en plus élaborée. Ou qu'au-delà d'une certaine dose, le savoir devienne plus paralysant que transformateur. Il ne faut rien écarter de ces éventualités. Mais aucune d'entre elles ne peut exonérer les principaux acteurs de la mondialisation d'avoir des comptes à rendre à propos des réalités qu'ils façonnent.

La guerre économique contemporaine est une guerre sans stratégie. Et ceci est plutôt une bonne nouvelle. Non pas qu'il soit rassurant de persévérer dans des directions erratiques et suicidaires, mais il peut être rassurant de constater qu'aucun mauvais esprit d'essence technologique ni économique n'est à la manœuvre. C'est la faiblesse des hommes, et elle seule, qui est à l'origine des impasses stratégiques de la civilisation occidentale. Ce constat ne livre aucun remède concret pour sortir de nos impasses, mais il rappelle qu'une sortie de ces impasses reste possible, pourvu qu'une volonté politique s'en empare, la construise et la déploie. Il faut retrouver l'ambition de construire le monde. Non pour le dominer mais pour garder la main sur le futur, au moins pour être en mesure d'en freiner les dérives lorsque c'est nécessaire.

---

[84] Bruno Latour, *Face à Gaïa*, p. 143.

A l'ère de l'anthropocène nous *somatisons* dans des proportions telles qu'il est indispensable de retrouver la dimension ontologique de l'agir humain. Personne ne peut plus prendre une décision d'importance s'il n'est en mesure de comprendre comment va se sédimenter et *faire monde* le résultat, voulu ou non voulu, de ses actions. Nous avons à faire de l'avenir le point d'arrivée de la pensée stratégique. Nous devons cesser de penser et d'agir sur la base d'une garantie de ressources pour l'éternité. Au début du XXIe siècle, à l'entrée de l'anthropocène, l'humanité arrive au bout de la logique de domination de son milieu de vie, au bout de son utopie d'une possible destruction créatrice. Elle a pu jusqu'à présent considérer le monde comme une poubelle car les réalités qu'elle y construisait ou les déchets qu'elle y laissait ne pesaient pas réellement sur les équilibres de son milieu de vie. Il en va autrement aujourd'hui. Jusqu'à présent la pensée stratégique ou tactique pouvait tabler sur l'infini des ressources et du temps à disposition de l'humanité, et dessiner ses projets en fonction de ces données d'entrée. Il nous faut apprendre aujourd'hui à reconstruire une pensée stratégique qui fasse de la finitude et du délai ses points de départ, et du monde et de l'avenir ses points d'arrivée, ses objectifs stratégiques fondamentaux.

A défaut, les routines néolibérales nous conduiront à poser des questions embarrassantes : dispose-t-on d'un plan B pour le cas où la Terre tournerait mal ? Peut-on envisager de restructurer le monde comme on restructure un groupe industriel ou une filière complète, par exemple l'industrie spatiale européenne aujourd'hui, ou l'industrie automobile mondiale hier, l'industrie textile avant-hier ? Abandonner des régions ou des peuples sans perspectives stratégiques ? Devrait-on recentrer l'humanité sur son *cœur de métier* ? Viser un *accroissement de valeur* pour les hommes, et lesquels - ou pour tous les hommes, présents ou à venir ? Climatiser la planète, créer de nouvelles espèces, détruire celles qui nous ennuient, archiver celles dont on pense avoir besoin un jour, fusionner l'homme et la machine - afin de lui apprendre à supporter certains pans de la réalité modifiée que nous continuerons à façonner en vertu des règles du marché ?

5. Un portefeuille de futurs en contraction

Le néolibéralisme semble avoir remisé l'objectif de construire un monde meilleur contre la promesse d'assurer une vie meilleure pour les quelques générations actuelles, au détriment ouvertement assumé des générations ultérieures ; ce qui nous pose un problème particulièrement intrigant à nous, les adultes du début du XXIe siècle - nous qui avons des enfants persuadés qu'ils auront à vivre des restrictions de diverses natures. A ce titre on peut dire que la génération qui vient est la première génération « post-historique », la première pour qui se pose frontalement la question d'imaginer de nouveaux horizons d'émancipation, pour les plus optimistes - voire tout simplement de survie, pour les plus pessimistes. Surtout au Nord (cette vision est moins répandue dans les pays en développement), les jeunes générations qui ont les ressources suffisantes pour s'interroger sur les questions de long terme ne visent plus prioritairement à construire l'avenir mais à éviter ou corriger les erreurs du passé. Finis les espoirs communs de révolution ou de progrès social collectif. Seules les minorités au pouvoir peuvent encore miser sur quelques réussites individuelles. Tout se passe comme si le compte à rebours de la planète s'était engagé. « Le futur est déjà terminé » et nous sommes entrés dans le « délai » décrit par Günther Anders. C'est-à-dire le délai qui nous sépare de l'effondrement de la civilisation et, probablement selon Anders, de la fin de l'humanité. En sommes-nous vraiment là ?

La véritable catastrophe, la plus large, la plus étendue dans l'espace, la plus profonde dans le temps, serait la perte irréversible des possibilités humaines du fait de nos propres actions passées ou présentes. Non seulement à l'horizon BH22, mais pour l'éternité, ou au moins pour l'ensemble des temps qui restent théoriquement à disposition de l'espèce humaine sur Terre. Il faut prendre au sérieux l'idée que nous sommes peut-être sur cette voie. Je voudrais ici documenter l'idée que si l'on raisonne au niveau mondial, avec en toile de fond la situation et les perspectives de l'humanité toute entière, avec ses huit milliards d'individus*, le champ des possibles n'est plus en phase d'expansion, mais en phase de contraction.* Si la technico-économie de marché représente une menace pour les principales composantes de l'expérience humaine contemporaine, à savoir pour l'homme lui-même et son environnement naturel, il faut s'attendre soit à de gros dégâts, soit à des réactions violentes dans les périodes à venir. La situation présente comporte de nombreuses similitudes avec la période préfasciste du début du XXe siècle, avec les financiers d'aujourd'hui dans le rôle des militaires d'hier. Tâchons une fois encore de substituer un questionnement méthodique à l'angoisse montante à propos de ces sombres perspectives. Rien n'obscurcit aussi efficacement la vision de la société et de son avenir que les préjugés technoscientifiques et économistes et, à l'ère de la mondialisation et de l'anthropocène, la principale difficulté réside dans notre capacité à nous extraire de ces préjugés. Poursuivons alors cet effort, et voyons, dans ce qui semble réduire le champ des possibles pour demain, ce qui peut rester à la main de l'homme. Le problème est d'ordre philosophique. Pas au sens où quelques philosophes patentés auraient fait des erreurs ou proféré des idioties. Mais au sens où les êtres humains, philosophes compris, semblent avoir perdu la capacité de s'interroger sur ce qui est possible et ce qui ne l'est pas. La complexité du monde contemporain, et l'enchevêtrement confus des causes, conséquences, intérêts et dangers des stratégies à analyser y sont certainement pour quelque chose.

La Loi, sous l'emprise du nombre

Les pratiques néolibérales contemporaines vont jusqu'à ébranler la force du droit. Elles tendent à reléguer le droit à la périphérie des logiques financières. Il se pourrait que la force globale du droit, à l'ère de la mondialisation, soit plutôt en recul, malgré l'inflation des contractualisations commerciales. Alain Supiot, dans *La gouvernance par les nombres*, attire notre attention sur ce phénomène d'une façon instructive pour la réflexion à l'horizon BH22. Le néolibéralisme, dit-il, a introduit plusieurs révolutions : il étend le paradigme du marché à tous les secteurs de la vie humaine, notamment dans les secteurs où le capitalisme classique considérait la prospérité individuelle dans le cadre d'un droit qui corsetait la cupidité et la subordonnait à l'intérêt général. Comme le communisme l'avait fait avant lui, le néolibéralisme a « métamorphosé le droit en outil de mise en œuvre d'une harmonie fondée sur le calcul économique »[85]. Tandis que le libéralisme économique classique visait à organiser les activités économiques sous l'harmonie de la loi, le néolibéralisme met l'intérêt financier au premier plan et demande à la loi de l'aider à y parvenir le plus efficacement possible, créant un « univers de parties contractantes, calculant en temps réel leur intérêt individuel et échangeant entre elles en fonction de ce calcul les objets dont elles ont la maîtrise. Les marchés financiers fonctionnent aujourd'hui sur ce mode[86] ».

Au final, dit Supiot, la loi elle-même devient un objet de calcul, un produit législatif en compétition sur le

[85] Alain Supiot, *La gouvernance par les nombres*, Fayard, 2015, p. 160.

[86] *Ibid*, p. 161.

marché mondial des normes. « L'usage des droits n'est ainsi garanti par la Constitution que dans la mesure où il ne trouble pas l'ordre économique de la société... L'opposabilité d'un droit dépend d'un calcul d'utilité qui est extérieur à l'ordre juridique et s'impose à lui. Les garanties de la loi s'évanouissent dès lors qu'elles sont contredites par le calcul.[87] » Supiot note plusieurs similitudes entre l'ultralibéralisme et le communisme, dont justement celle d'asservir le droit à des calculs d'utilité. Mais ces deux régimes diffèrent quant à leur façon de concrétiser cet asservissement. Là où le libéralisme use de la contractualisation, remarque-t-il, le communisme tablait sur la planification. Qu'en sera-t-il à l'avenir ? « Le renversement du règne de la loi au profit de la gouvernance par les nombres s'inscrit dans l'histoire longue du rêve de l'harmonie par le calcul, dont le dernier avatar - la révolution numérique - domine l'imaginaire contemporain. »[88]

Mais que se passe-t-il, une fois le droit converti en outil au service du calcul économique ? Que devient la référence qui transcendera les différences de situations et permettra l'harmonie entre les hommes, définira la place de chacun et permettra les jugements de leurs actions ? Cette question ne se posait pas dans le cadre du libéralisme classique qui n'avait pas imaginé s'extraire du règne des lois éthiques et morales. Elle se pose en régime néolibéral : « Une fois admis que le droit est un outil technique, il doit comme tout produit être soumis à une concurrence mondiale sur un marché des normes, qui sélectionne les plus aptes à répondre aux besoins de l'économie[89] ». La gouvernance par les nombres va donc

---

[87] *Ibid*, p. 163-164.

[88] *Ibid*, p. 23.

[89] *Ibid*, p. 172.

très loin dans la destitution de la force du droit. Si, selon Supiot, l'idée de remplacer le jugement par le calcul a une longue histoire, l'ampleur de ce remplacement dans le cadre du néolibéralisme en fait un moment de basculement dans les équilibres sociaux des démocraties libérales. Plongeons avec lui dans l'analyse de ce qui procure sa force à « la gouvernance par les nombres » en régime néolibéral. Il y a là un gigantesque chantier pour la réflexion prospective.

On sait que la comptabilité est une des bases institutionnelles des marchés. C'est pourquoi elle doit donner une image « fidèle » de la réalité économique - réalité entendue au sens de vérité et de justice. « La comptabilité se situe à un point d'articulation du Vrai et du Juste », explique Supiot. Les normes comptables ne sont donc pas purement techniques ni politiquement neutres. « La comptabilité est ainsi la première institution moderne à avoir conféré une vérité légale à des nombres[90] ». Elle y est parvenue en faisant de la monnaie, qui permet de rendre commensurables des choses très différentes ou éloignées, un étalon universel. Il faut comprendre qu'une fois ces nombres construits et validés, ils acquièrent une force probante et sont opposables aux tiers, si besoin en justice. Non seulement la fonction d'étalon de la monnaie permet l'établissement de comptabilités auditables, elle permet aussi la mesure du degré de confiance qu'on attribuera à un créancier, et permettra plus généralement de déterminer de la valeur future de certains actifs. « Autrement dit, le mot *comptable* est trompeur : la comptabilité ne compte pas (au sens de dénombrer les choses de même nature), elle évalue ; et elle n'évalue pas seulement ce qui est, mais ce qui peut advenir en utilisant

---

[90] *Ibid*, p. 163.

la monnaie comme moyen de domestiquer l'avenir. »[91] Or, à ce niveau, la comptabilité peut enclencher aussi des opérations de distorsion du réel, et de l'avenir. Avec le temps la comptabilité a étendu ses règles du calcul à des notions qui lui étaient auparavant étrangères grâce notamment à la technique de l'enregistrement en *partie double* : en plus des recettes et dépenses, l'invention de la comptabilité en partie double a permis de tenir compte des achats ou ventes faits à crédit : pour enregistrer fidèlement ces opérations à crédit, les marchands italiens du Moyen-Age ont systématisé le recours à des comptes *clients* et *fournisseurs*. Puis, sur ce modèle, ils ont ouvert des comptes dédiés à certains éléments de patrimoine.

> Ce sont ces ressources nouvelles que la comptabilité en partie double a mises en œuvre. D'une part elle étend l'empire du calcul à des entités qui lui étaient antérieurement étrangères : non seulement l'argent dont on dispose, mais aussi l'ensemble des ressources mobilisées pour les besoins du commerce ; non seulement les biens actuels, mais aussi une estimation des biens futurs. Et d'autre part elle confère au principe d'égalité une puissance ordonnatrice nouvelle. Elle est la première en effet à avoir donné à un système juridique la forme d'un tableau chiffré soumis à un rigoureux principe d'équilibre des droits et des obligations. L'invention d'un tel tableau n'est pas sans évoquer celle faite à la même époque aux lois de la perspective conférant à l'image peinte une objectivité comparable[92].

La puissance des documents comptables (compte de résultat, bilan, annexes) tient au fait qu'ils permettent la vision d'un tout cohérent et homogène d'un ensemble d'opérations et d'objets foncièrement différents. Or, ces pratiques comptables incorporent des dogmes très pernicieux pour la projection sur longue durée. A la

---

[91] *Ibid*, p. 125.

[92] *Ibid*, p. 127.

différence des vérités scientifiques, estimations par nature révisables en fonction des évolutions de l'état du monde, les vérités comptables fixent une certaine représentation du monde selon des règles qui empruntent davantage au régime de la foi que de la vérité. Les règles comptables actuellement en vigueur étant issues d'une époque où les ressources naturelles étaient perçues comme infinies et gratuites, où les progrès scientifiques permettaient toutes les substitutions en cas de manque de l'une ou l'autre de ces ressources, et où la main invisible du marché savait opérer tous les ajustements de prix à la hausse ou à la baisse en vertu de sa capacité à évaluer toute chose avec efficience, on peut se demander ce qui se passera sur les marchés financiers lorsque les *traders* auront compris le sens de l'anthropocène. Quand on se souvient des graves perturbations engendrées par la seule « petite » crise des *subprimes* liées aux spéculations immobilières américaines, on peut s'interroger sur la capacité du système économique mondial à résister à l'effondrement total lorsqu'il s'agira d'affronter la question de la détérioration (et donc des dépréciations d'actifs qui s'ensuivront) de l'ensemble du mobilier terrestre, ressources fossiles, océaniques, atmosphériques, terrestres et culturelles comprises. Le *dumping* environnemental opéré actuellement sur ces ressources ressemble en tous points aux opérations de titrisation des risques qui ont conduit à la débâcle financière de 2008. Que se passera-t-il quand les marchés financiers cesseront de *croire* que l'état de ces ressources est intact ? A ce jour, ces marchés *croient* toujours aux vertus de la main invisible du marché, de la destruction créatrice, de l'innovation technologique comme porte d'accès au bien être individuel et collectif. Ce serait une véritable décision de salut public d'engager dès à présent une recherche sur la préparation de normes comptables adaptées à l'ère de l'anthropocène - il en ira certainement de la capacité de l'économie mondiale de rester en état de fonctionnement à l'horizon BH22.

Innovation vitale, innovation létale

Les solutions techniques produisent en général des effets, plus tard dans le temps ou ailleurs dans l'espace, qui requièrent encore de nouvelles interventions techniques, nous installant de fait, en vision de longue durée, dans une trajectoire technoscientifique aux allures de fuite en avant. C'est ainsi que la technique devient notre horizon indépassable. L'illusion d'un contrôle de notre destinée au moyen de la technique crée une dépendance croissante envers cette technique. C'est pourquoi il est tout aussi important d'essayer de penser la technique que la croissance économique dans son cadre historique long, d'autant qu'elles sont intimement liées dans l'ensemble technicoéconomique de la globalisation. Notre puissance est devenue notre destin, notre risque et notre chance réunis. Rien dans notre histoire ni dans notre culture ne nous a préparés à cette situation. Nous vivons sous l'emprise de l'innovation et de la croissance, à tel point qu'innovation et croissance se sont banalisées : ce sont devenus des « impératifs ordinaires » pour toute stratégie d'entreprise. Mais il se peut que l'incertitude quant à l'avenir soit devenue notre destin permanent. Il se peut que, assommée par les succès concrets remportés sur nos besoins à court terme, la perspective du long terme disparaisse à jamais, que nous devenions à jamais incapables de la concevoir. Partout présentée comme vitale, il se pourrait que l'innovation, à trop forte dose, ne devienne létale pour l'avenir de l'humanité.

Les inventions à venir ne sont pas anticipables, elles ne peuvent être incluses dans aucun calcul pour l'avenir, mais elles sont quasi certaines. Elles seront parfois de grande portée pratique, parfois elles révolutionneront notre regard sur le monde. Nos anticipations modélisées et informatisées ont acquis une puissance de prédiction qui nous permet d'estimer certaines régions du futur de façon plus précise et plus lointaine dans le temps que par le passé, mais elles laissent dans l'ombre une part également plus importante de leurs retombées collatérales, et ces retombées peuvent être porteuses de lourds dangers pour l'avenir de l'humanité. Comment faire ici ? Se préparer à toutes les éventualités en matière de rupture et organiser par avance le cadre de réflexion dans lequel auront à s'exprimer les porteurs de toute innovation, pour en apprécier la portée directe et les retombées indirectes dès la naissance de ces innovations, au moment où il est encore possible de les réorienter si besoin ? En effet, disait Jonas, nous ne pouvons prévoir ces innovations, mais dans le cadre dynamique de l'expansion de la civilisation nous pouvons « jouer un rôle dans l'évaluation philosophique des chances à l'intérieur du grand pari qu'est devenue l'entreprise humaine dans son ensemble[93] ».

La science n'est plus liée aujourd'hui à la promesse d'éloigner la superstition et la peur. Trop puissante dans le sens où elle agit jusque dans des contrées et des temporalités qui échappent à nos organes des sens et à notre capacité d'analyse, étroitement dépendante du capitalisme industriel dont elle suscite les stratégies, la science devient source de peur. Au-delà d'un certain degré de puissance technique, nous ne sommes plus capables de sentir, de visualiser ni de penser ce que nous sommes capables de faire, et là réside une question centrale à

[93] Hans Jonas, *Le principe responsabilité*, p 234.

l'horizon BH22. Les facultés humaines d'éprouver, de ressentir, d'encadrer nos expériences semblent finies - à moins qu'elles n'aient pas été développées avec la même efficacité que nos capacités d'action ; à moins que la technique, qui permet la démultiplication de nos pouvoirs d'agir, ne permette pas la même démultiplication de nos pouvoirs de ressentir et d'anticiper. Nous sommes ici dans le « décalage prométhéen » identifié par Anders, décalage entre notre capacité scientifique et industrielle de fabrication, croissante, et notre capacité d'éprouver et d'imaginer, apparemment stagnante. Aujourd'hui disait Anders à l'issue de la seconde guerre mondiale, nous sommes capables, d'un point de vue strictement technique, de détruire une ville comme Hiroshima. Mais combien de morts sommes-nous capables de pleurer avec notre sensibilité ? Quelle différence pour notre sensibilité entre des milliers et des millions de morts ? Nous ne sommes pas capables de compter et encore moins de ressentir ce que nous sommes capables de faire. On pourrait actualiser ce diagnostic d'Anders, très éprouvé par l'expérience atomique d'Hiroshima, à propos de nos interventions sur le génome végétal, animal et humain, sur les projets en cours de géo-ingénierie climatique, sur la géolocalisation et la numérisation généralisée de la vie humaine, individuelle et collective.

Anders avait forgé le terme « supraliminaire » pour caractériser les actions ou événements trop grands pour être pensés par l'homme, - les grandeurs qui nous échappent : une action est supraliminaire lorsque notre appareil cognitif ne nous permet pas de penser ni de ressentir les effets de cette action. Les implications sociales de ces actions peuvent être considérables, car la technique vient accroître l'écart entre nos facultés d'agir et de penser. « Aucun des pilotes d'Hiroshima n'a eu besoin de la même quantité de haine qu'il a fallu à Caïn pour tuer

Abel[94] ». Ces pilotes ont été conditionnés pour ne percevoir leur acte que comme une mission banale, une séance de travail normale. La technique annule en fait l'imputabilité entre le sujet et son action. Les coupables, dit Anders, n'ont même plus besoin d'être méchants pour accomplir le mal. La technique, tout en multipliant leur degré d'action, les exonère de leur responsabilité. Que pourrait dire aujourd'hui Anders à propos des drones tueurs, pilotés par de jeunes « soldats » assis face à leur console informatique, imprégnés de substances pharmaceutiques destinées à minimiser leur sensibilité au moment d'éliminer une cible à l'autre bout de la planète ? Sans compter que la division du travail rend à elle seule l'identification des responsabilités quasi impossible. Elargissons le propos : nous savons déjà que personne n'est responsable des accidents nucléaires de Tchernobyl, Fukushima, de l'explosion d'AZF, du naufrage de l'Erika ; et que personne ne sera responsable des catastrophes à venir. Dans les entreprises, c'est toujours, aujourd'hui plus que jamais dans l'histoire de l'humanité, la prise de risque qui est valorisée, rémunérée, glorifiée, qui permet les plus fortes croissances des valeurs boursières. La pensée politique, elle non plus, n'est pas outillée pour apprécier la façon dont la technique modifie nos catégories mentales.

Contraction des futurs du monde et situations irréversibles

Ce n'est qu'à partir du début du XIXe siècle que s'est amorcé le basculement qui a modifié si fondamentalement l'équilibre des échanges traditionnels entre l'humanité et

---

[94] Günther Anders, *La menace nucléaire*, p. 273.

la biosphère : quand le progrès, et plus précisément le changement technique, est devenu le moteur de l'histoire. Une convergence de facteurs culturels, sociaux, économiques, politiques et surtout industriels a donné au projet cartésien de *maîtrise de la Nature* des allures de guerre sans merci contre cette même Nature : croissance démographique, dynamique des besoins humains, innovation technologique, quantification, mécanisation, industrialisation, émergence du marché - la convergence de ces évolutions a produit une énorme modification du niveau des prélèvements et rejets de l'humanité à la surface du globe, jusqu'à l'apparition récente du concept d'empreinte écologique, - empreinte devenue excédentaire par rapport aux capacités de régénération de la biosphère -, et l'apparition du concept d'anthropocène, - qui illustre comment l'humanité est devenue le levier le plus déterminant des évolutions et équilibres du système Terre. Il faut admettre que l'Occident est déjà très loin, au début du XXIe siècle, de cette définition par Lévi-Strauss des modes de vie ancestraux. « Les sociétés traditionnelles sont des sociétés qui produisent extrêmement peu de désordre, que les physiciens appellent « entropie », et qui ont une tendance à se maintenir indéfiniment dans leur état initial, ce qui explique d'ailleurs qu'elles nous paraissent comme des sociétés sans histoire et sans progrès[95] ».

Notre civilisation du progrès, qui a spectaculairement ouvert le champ des possibles individuels et collectifs pendant quelques générations, disons entre le début du XIXe siècle et la fin du XXe siècle, au moins pour l'Occident, n'a pas trouvé le moyen de faire évoluer conjointement ses projets d'innovation et de croissance avec la préservation de son environnement, et prépare pour BH22 et au-delà des conditions de vie extrêmement

[95] Claude Lévi-Strauss, *Race et histoire*, Gonthier.

contraignantes. A l'horizon BH22, la notion de progrès ne semble rester plausible que pour une très faible proportion de l'humanité - celle qui accumule actuellement des réserves privées en vue de constituer des stocks (ressources naturelles, informations, argent, pouvoir) et poursuivre l'aventure humaine, vraisemblablement de façon transitoire, dans quelque endroit reculé de la planète. Le champ des possibles pour l'humanité dans sa globalité est en train de se réduire. Peut-on freiner cette réduction, la stopper, trouver d'autres voies vers d'autres possibles, renouveler notre idée du progrès ? Cette évolution nous « saute aujourd'hui aux yeux » avec l'avènement du concept d'anthropocène, mais elle n'est pas vraiment nouvelle. Les dangers liés au style de vie occidental ont été identifiés dès le début de l'ère industrielle. Jean-Baptiste Fressoz a montré comment la modernité industrielle a cherché à étouffer les controverses[96] qui sont apparues à propos des risques et nuisances liées à nos innovations industrielles tout au long de l'époque industrielle. Aucune des innovations technologiques n'a jamais fait l'objet d'un débat de fond. C'est toujours par effets de surprise, par mises devant le fait accompli, coups de force législatifs, procédures de consultation fabricant l'unanimité que les projets industriels avancent. Au nom d'une science objective et neutre, dont il faut favoriser l'avènement sans discuter vraiment. En sera-t-il de même d'ici BH22 avec la géo ingénierie climatique, la gestation pour autrui (GPA), la modification du génome humain, et les multiples procédés qui promettront des substitutions magiques au régime pétrolier ?

Les perspectives de progrès sont aujourd'hui telles que ces nouveaux progrès peuvent transformer le monde plus radicalement qu'auparavant dans l'histoire. On n'ose

---

[96] Jean-Baptiste Fressoz, *L'apocalypse joyeuse*, Seuil, 2012.

imaginer ce qu'un nouvel Hitler serait en mesure de faire aujourd'hui, surtout s'il parvenait, comme cela s'est produit sans grande difficulté dans les années 30, à rallier à ses projets des industriels puissants. Rappelons-nous comment Hitler ou même Staline sont parvenus à affecter le monde, si profondément, en si peu de temps. Les garde-fous institutionnels, politiques, et même éthiques et moraux, sur lesquels notre civilisation s'appuie, semblent bien fragiles au regard des pressions que le progrès exerce sur eux. Mais peut-on freiner le progrès ? Isaiah Berlin rappelle qu'au sortir de la seconde guerre mondiale, il avait été envisagé lors d'une conférence internationale de démanteler les industries allemandes et de réorganiser le pays autour de la seule agriculture[97]. Ce projet n'a pas vu le jour, mais le simple fait qu'il ait pu être envisagé sérieusement dans une enceinte politique internationale témoigne du grand désarroi dans lequel nous pouvons tomber devant les menaces que recèle le progrès.

Jacques Ellul nous a prévenus depuis longtemps qu'il fallait sortir du mythe selon lequel ce ne serait pas la technique en soi qui serait potentiellement mauvaise, mais l'usage que nous en faisons. En fait la technique commande l'usage indépendamment de l'usage. Avec la technique l'homme se trouve modifié. Peut-on parler d'un totalitarisme technoscientifique en marche ? Il ne s'agit de rejeter ni la technique ni l'économie libérale, il s'agit d'interroger les implications de l'autonomisation de ces sphères d'activité au sein de la civilisation occidentale. Ni le machinisme ni la croissance économique ne sont des destins, même s'ils semblent avoir destin lié pour tenter de modifier le réel. L'innovation technoscientifique incontrôlée et la croissance infinie dans un monde fini représentent deux cancers dont les métastases ont déjà

---

[97] Isaiah Berlin, *Le sens des réalités*, p. 33.

contaminé de larges parties du monde, vraisemblablement pour de nombreuses années, bien au-delà de BH22. C'est la prise de risque qui est aujourd'hui au pouvoir, avec oubli institutionnalisé des externalités négatives liées aux innovations technoscientifiques, et oubli de la finitude de l'être humain et des réserves naturelles de son milieu de vie. Nous vivons encore dans l'idée qui nous a été léguée par nos parents qu'on ne peut pas, qu'on ne doit pas freiner le progrès, même s'il devait nous anéantir. C'est cette foi abstraite dans les bienfaits du progrès technique qui rythme en grande partie la société capitaliste industrielle. Violer ce tabou vous expose à perdre toute crédibilité intellectuelle. D'où le risque de contraction du champ des possibles en raison des orientations stratégiques actuelles des principaux acteurs de la mondialisation.

L'économie circulaire, l'économie immatérielle, le capitalisme informationnel, cognitif, peuvent-ils offrir des perspectives de développement qui ne perturbent pas les équilibres écologiques ? Une politique de recyclage très poussée, une économie immatérielle, peuvent-ils mobiliser la nature sans la provoquer, sans la repousser au-delà de ses limites ? Certains processus naturels possèdent une inertie que l'on n'avait pas imaginée au départ de l'épopée industrielle : le niveau de la mer, nous venons de le rappeler, s'élèverait encore même si l'on trouvait le moyen de stopper immédiatement nos émissions de CO^2. Il faut donc bien distinguer ce qui a été possible, et ce qui reste possible.

L'ensemble des impacts de l'économie industrielle sur les milieux de vie est mesuré par la notion d'empreinte écologique globale. Apparue au moment de la conférence de Rio en 1992, cette notion reste assez controversée. Elle est notamment décriée par les industries pétrolière, chimique, automobile, mais elle semble toutefois relativement fiable. C'est un outil de mesure de la pression qu'exerce l'humanité sur la biosphère. Elle estime la surface nécessaire à une population donnée pour satisfaire ses besoins en habitat, chauffage, nourriture, transport, loisirs, et pour l'élimination de ses déchets. L'empreinte écologique peut se calculer pour un individu, un pays, ou la planète entière. Selon cette approche nous dépassons depuis le milieu des années 1980 les capacités biologiques de la planète, et sommes actuellement à environ 40 % au-delà de ses capacités annuelles de régénération. En 2015 le « jour du dépassement global », c'est-à-dire le jour à partir duquel nous avons « consommé » l'ensemble des ressources renouvelables de la planète était le 23 août ; en 2016 c'était le 08 août, et chaque année il s'avance davantage, conduisant l'ensemble de l'humanité à prélever dans les réserves de la biosphère. Ce dépassement de notre quota annuel de prélèvement sur les ressources naturelles correspond à une dette écologique que nous transmettons aux générations futures, une ponction que nous opérons aujourd'hui sur les vivres de BH22. Dette qui ne pourra même pas être remboursée, dette qui se transformera en capacités réduites pour l'avenir, soit par réduction de ressources par personnes, soit par réduction du nombre de personnes qui auront accès à ces ressources.

Calculée par habitant ou par pays, la notion d'empreinte écologique globale fait ressortir d'importantes disparités, allant d'environ 1 à 10 entre les pays dont la consommation est très faible et ceux dont la consommation est très élevée, largement au-delà des moyennes écologiquement supportables (c'est surtout le cas de l'Occident, notamment les États-Unis et les Emirats arabes, mais également de l'Europe). L'enseignement fondamental de la notion d'empreinte écologique consiste à montrer que le mode de vie occidental n'est pas généralisable à l'ensemble de la planète. L'ensemble de l'humanité vit écologiquement au-dessus de ses moyens, et il ne paraît pas possible d'atteindre BH22 dans des conditions acceptables sans modifications drastiques des orientations stratégiques de la civilisation occidentale.

Certaines situations sont déjà irréversibles. Reprenons ici l'exemple paradigmatique de l'arme nucléaire, largement analysé par Anders : depuis Hiroshima nous vivons « dans le temps de la fin », dans le « délai » qui nous sépare de l'explosion qui mettra fin à l'histoire de l'humanité. Ce qui nous reste à vivre depuis la mise au point de l'arme nucléaire, à nous aujourd'hui mais aussi pour les humains de BH22 et vraisemblablement pour toujours, se passera sous la menace de l'explosion nucléaire. Ce temps ne peut plus être relayé, remplacé par un autre temps, mais seulement par « la fin des temps ». Il ne pourra plus y avoir d'époque à venir libre du souci nucléaire. Aucun retour au passé n'est ici envisageable. De même Fukushima ne se terminera jamais. Nous nous retrouvons piégés, diminués pour toujours par notre agir nucléaire irréfléchi. Notre situation nucléaire est, du point de vue BH22, une impasse stratégique totale. Ce que l'énergie nucléaire a permis, c'est-à-dire des bombes atomiques pour tuer plus rapidement davantage d'êtres humains, ou des processus industriels permettant de produire davantage d'énergie pendant quelques décennies, avant de représenter un énorme problème de pollution pour la nuit des temps - ce que l'énergie nucléaire a permis pour l'ensemble de l'humanité est bien peu par rapport à ce qu'elle aura volé aux générations présentes, accidentées, et aux générations futures, à l'échelle des temps à venir. Même dans l'hypothèse où nous serions capables de stopper dès aujourd'hui toutes les centrales nucléaires, nous aurions quand même à vivre pour l'éternité avec les problèmes de déchets radioactifs et les immenses problèmes de désarmement de toutes les armes et ogives nucléaires en service sur le globe terrestre. Et la menace radioactive n'étant pas décelable par nos organes des sens, nous aurons à nous organiser pour l'éternité face au péril nucléaire. Même, imaginons, si l'humanité devenait si pacifique que tous les risques liés à la dissuasion nucléaire venaient à disparaître, et même si une nouvelle énergie propre tombait du ciel et rendait inutile l'énergie des centrales nucléaires actuelles.

Ce sont quelques humains (des milliers ?) qui ont mis au point l'industrie nucléaire. Mais ce sont des humains (des milliards ?) qui en subiront les conséquences. Les premiers ont cru sécuriser le monde avec cette nouvelle technologie, ils ont sous-estimé la fragilité de l'illusion de puissance que représentait cette innovation. Tous les autres seront pour l'éternité les esclaves non responsables des processus enclenchés par les premiers. Puisse cet exemple servir d'illustration de l'incroyable extension du pouvoir des hommes à l'ère de l'anthropocène, qui cherchent à satisfaire leurs intérêts immédiats et ne mesurent pas - ne peuvent pas mesurer, en l'état de leurs savoirs actuels - les répercussions non intentionnelles de leurs stratégies. Comme disait Hans Jonas, la responsabilité doit aujourd'hui s'étendre beaucoup plus loin qu'auparavant et considérer systématiquement la possibilité de notre autodestruction.

Intensification de l'être et bio conservatisme

Emancipation ne rime plus avec croissance économique ni avec innovation technoscientifique. Emancipation, à partir de moment où l'on a conscience de notre entrée dans l'anthropocène, devrait rimer avec responsabilité prospective et avec innovation sociale. Il nous faut trouver les voies de ré enchâssement des logiques néolibérales dans les enjeux de survie de la biosphère et de l'humanité. D'autres civilisations se sont déjà effondrées mais cela n'a représenté un problème que pour elles-mêmes. La civilisation techno libérale occidentale menace, elle, la totalité du monde. Elle rétrécit l'avenir de l'humanité à l'horizon BH22 et pourrait remettre en cause définitivement l'existence même de cette humanité à un horizon plus lointain si elle ne fait pas bifurquer ses stratégies actuelles. Cela n'est pas gagné, rappelle Bertrand Méheust, car

> de même que jadis les libertins attendaient le dernier moment avant de se convertir, de manière à jouir le plus longtemps possible des choses de la chair avant de passer aux choses sérieuses, de même aujourd'hui les maîtres du monde… pensent pouvoir consacrer aux affaires quelques ultimes décennies avant de se mettre définitivement au vert. Comme le commun des mortels entend bien lui aussi profiter quelques temps encore des miettes du festin des riches, la majorité s'accorde sur cette idée qu'il est urgent de différer les mesures cruciales [98].

Pierre Caye estime que le problème est métaphysique, ou ontologique, beaucoup plus qu'écologique, économique ou financier. Les questions de la soutenabilité ou de la responsabilité vis-à-vis des générations futures

---

[98] Bertrand Méheust, *La politique de l'oxymore*, La découverte, p. 71.

« … ne prennent sens qu'à partir du moment où s'opère une nette dissociation entre d'une part la durée et la subsistance de l'être, comme si l'intensification du devenir ne suffisait plus désormais à garantir l'avenir de l'être et n'était plus la clé de sa perpétuation, au contraire de la promesse ontologique que dispensent, depuis le XIXe siècle aussi bien l'économie que la philosophie[99] ». Puissante explication de nombre de nos errements stratégiques contemporains. Comment nommer plus précisément ce gouffre vers lequel foncent tête baissée les principaux acteurs de la planète ? Leur propre foi dans le bien fondé de leurs stratégies, et la difficulté pour les objecteurs de croissance de faire valoir leur point de vue, réside en grande partie dans la responsabilité de la philosophie, et pas seulement de la science et de l'économie, dans la promotion de concepts aussi prometteurs au XIXe siècle qu'ils ne deviennent destructeurs au XXIe siècle : révolution, progrès, croissance, volonté de puissance, destruction créatrice ont été promues au rang de concepts phare, quasiment affublés de la capacité de faire descendre le paradis sur Terre - et ceci non seulement par les techniciens de la science et de l'économie mais également par tous les promoteurs de la culture qui ont puissamment relayé leurs idéologies. Jusqu'à promouvoir deux concepts qui paraissent clairement à l'origine de bien des orientations stratégiques problématiques au début du XXIe siècle : « 1) le devenir comme puissance, mieux encore comme intensification de la puissance, et peu importe que cette puissance soit au service de la fondation du réel ou de sa destruction ; 2) et, sous ce régime de l'intensification, la convertibilité du devenir, de la

[99] Pierre Caye, *Critique de la destruction créatrice*, Les Belles Lettres, 2015, p. 14

puissance et de l'être, formant un processus de surgénération de l'être[100] ».

En ce début de XXIe siècle il ne s'agit plus de s'interroger sur la question de savoir si nos cultures sont de type idéaliste ou matérialiste, nos croyances animistes ou monothéistes, nos économies libérales ou collectivistes, nos politiques de droite ou de gauche. La véritable interrogation stratégique, celle qui reconnait à la technico économie son rôle prééminent dans la construction du présent et des futurs sur de larges contrées de la planète, celle qui entrevoit tout le potentiel de reconfiguration de la biosphère qui est à portée de main des plus grands acteurs privés de la globalisation - en raison du progrès des savoirs et de la démission des politiques et des intellectuels - cette question à la fois philosophique et stratégique se pose aujourd'hui dans les termes suivants : veut-on promouvoir la réalité augmentée ou défendre un certain bio-conservatisme (ou conservatisme ontologique) ? *Réalité augmentée*, c'est-à-dire la possibilité de reconfigurer l'homme et le monde dans leur bio-constitution la plus profonde. Post humanisme, NBIC, intelligence artificielle, numérisation de l'ensemble de l'expérience humaine, réticulation et géolocalisation planétaire… ont déjà réalisé de sérieuses avancées dans cette direction. Les inégalités actuelles entre les hommes (pouvoir d'achat, degré d'assistance pharmacologique et de cyborgisation au-delà de l'âge normal de la mort, espérance de vie, largeur du champ d'expérience, intensité et multiplicité des styles d'existence au sein d'une même existence terrestre, perspectives d'avenir pour soi et ses proches) conduisent dès à présent à s'interroger sur l'eugénisme de fait résultant de notre insertion dans l'un ou l'autre des environnements modifiés par le *progrès*

---

[100] *Ibid*, p 15 et 16.

technoéconomique à son stade actuel de déploiement. *Bio-conservatisme*, c'est-à-dire une philosophie qui viserait une émancipation d'un genre nouveau, qui viserait un progrès social sans modifier profondément les équilibres biologiques des humains ni de leur milieu de vie. Il est vrai que l'humanité n'ayant jamais encore été confrontée aussi frontalement qu'aujourd'hui à cette question, nos savoirs et expériences restent ici très limités. La question doit alors se déplacer : est-il encore temps d'imaginer un progrès qui épargnerait ces grands équilibres ? Mais le voudra-t-on ? Est-on prêt à renoncer à certaines promesses d'amélioration de notre futur immédiat ? « De ce point de vue, dit Jean-Michel Besnier, l'argumentaire des NBICs constitue un test pour l'humanisme d'aujourd'hui, et lui impose de fort embarrassantes questions : la sagesse passerait-elle par le refus opposé aux procréations médicales qui substitueront bientôt à la naissance la fabrication de l'humain (par clonage, grâce à l'utérus artificiel...) ? Exigerait-elle qu'on préserve la souffrance (physique ou psychique) quand les neurosciences pourraient l'éliminer ? Devrait-elle résister aux nano médecines ou à la biologie de synthèse qui prétendent contribuer à éradiquer les maladies, supprimer le vieillissement ou la mort elle-même, et ce au motif que l'invulnérabilité et l'immortalité ne sont pas faites pour les humains ? Bref, faut-il, pour être sage à l'ère des technologies euphoriques, récuser systématiquement les promesses transhumanistes[101] ? »

---

[101] Jean-Michel Besnier, *La sagesse ordinaire*, p. 133-134.

Accroissement du savoir et rétrécissement de l'avenir

Prenons l'exemple du génie génétique. Les innovations sont ici d'une telle importance, elles apparaissent à un rythme tel que les acteurs en présence sont enclins à prendre des décisions indécidables, des décisions en aveugle, susceptibles d'avoir une implication directe sur la survie de l'espèce - sans cadre politique, juridique ni éthique publiquement débattu à l'échelle mondiale - des décisions à prendre le plus souvent en urgence, sous la pression des filières industrielles qui menacent en permanence de s'affranchir de toute tutelle en cas de tergiversation qu'elles jugeraient excessives par rapport à leurs besoins de retours sur investissements. Nous ne sommes pas ici devant un simple risque, nous sommes face à des incertitudes qui représentent des dangers de rétrécissement du champ des possibles génétiques pour l'avenir de l'humanité. Nous voyons combien, passé un certain stade de développement d'une filière technique et industrielle, l'accumulation du savoir scientifique ne conduit plus à un surcroît de sécurité mais au contraire à une croissance de l'incertitude théorique et à un élargissement du panel des possibilités de dérives industrielles, sans capacité d'anticipation de l'ensemble des implications de choix qui seraient effectués dans l'urgence. Il faut poser des mots sur ce type de réalité que nous sommes en train de configurer : nous pouvons certainement provoquer des implications positives dans la direction du post-humain ; mais nous pouvons également égarer l'espèce sur des voies de diminution des facultés humaines, des voies de fragilisation possible de l'espèce, pour aujourd'hui ou pour les générations à venir.

Ce que l'on sait clairement à présent, c'est que le produit de l'innovation devient une puissance autonome qui tend à l'accélération et échappe rapidement à son promoteur pour se laisser conduire par les règles du marketing et de la marchandisation à l'échelle mondiale. Ainsi en va-t-il, ou en ira-t-il, des gaz de schiste, des OGM, des produits dérivés, des NBIC, ces innovations représentant à la fois des promesses d'émancipation matérielle et des menaces d'asservissement. Une foi démesurée dans l'idée de progrès nous a fait croire durant deux siècles que le bilan des promesses était largement excédentaire par rapport au bilan des menaces. C'était le résultat d'une myopie qui nous avait masqué les comptes hors bilan, et notamment les dettes écologiques et anthropologiques qui, amoncelées à présent devant la porte de l'avenir, menacent d'en interdire l'accès, ou de réserver cet accès à la minorité qui aura la force et les moyens matériels de franchir ces nouveaux obstacles.

Lorsque l'on s'efforce de synthétiser l'éventail des possibles eu égard aux multiples champs dans lesquels l'expérience humaine se déploie actuellement, éventail que l'on peut résumer schématiquement aux perspectives d'évolution vers la réalité augmentée et le post-humain, on pourra résumer ainsi la situation : dans une civilisation qui promeut l'innovation grâce à une multitude d'acteurs privés, exonérés d'anticiper les conséquences à long terme de leurs innovations - innovations qui seront sélectionnées par les marchés mondiaux en fonction des perspectives de profits qui leurs sont associées - dans cette civilisation, nous sommes en train de contracter les profils de futur tels qu'ils étaient accessibles pour une majorité de l'humanité avant le néolibéralisme et la mondialisation. Car plus on repousse les limites de l'intervention humaine et industrielle dans la nature extérieure ou intérieure à l'homme, plus on fait surgir des dangers que nous n'avons pas les moyens d'appréhender dans toutes leurs dimensions.

Poussons encore l'analyse : la R&D est invitée à accélérer toujours davantage. Des cabinets conseils proposent aux grandes entreprises, censées être trop lourdes pour avancer suffisamment rapidement dans leurs recherches, d'externaliser leur R&D en direction de *start-up* spécialisées dans la *deep tech*, travaillant dans des domaines non encore exploités par l'industrie : intelligence artificielle, livraison par drones, robots collaboratifs, wifi par la lumière, manipulations génétiques, impression d'organes, création de chimères, réticulation planétaire… autant de domaines où l'on n'a pas encore réalisé toutes les fortunes imaginables à la frontière des interdits, de la morale, du non-droit, des expérimentations les plus poussées de la résilience naturelle et humaine. Autant de belles perspectives d'accroissement de la *valeur* au sens néolibéral dans ces stratégies que je propose de dénommer *stratégies de dumping temporel*, c'est-à-dire des stratégies qui visent à pousser à bout le mythe de la destruction créatrice, y compris dans les zones où il s'agit de prendre des risques avec la nature, humaine et non-humaine. Un *dumping temporel* qui propose de tirer parti ouvertement de l'écart croissant entre nos capacités de faire et nos capacités de comprendre ce que nous faisons, jusqu'à glisser dans cet écart des stratégies industrielles pour créer de nouvelles filières, pour les exploiter le plus rapidement possible, si possible en situation de monopole et à l'échelle planétaire, avant que l'humanité ne soit en capacité de comprendre ce qui lui arrive. Car dans ces zones de non-savoir, vierges de tout droit, de toute morale, de toute capacité de projection, c'est l'imagination prométhéenne qui est à la manœuvre, c'est elle qui attire les capitaux sur les marchés financiers. Nous sommes ici largement au-delà des tactiques de *benchmark*, qui visaient à identifier les meilleurs plans en termes de dumping fiscal, social, environnemental. Il y avait dans ces vieilles tactiques un côté défensif, un peu honteux, un peu sordide, le sentiment de faire fortune à l'abri du regard de l'éthique. Avec le dumping temporel au contraire il y a prise en main volontariste de la destinée naturelle et humaine, prise de risque assumée avec le destin de l'humanité - souvent au motif affiché que la destinée humaine serait déjà bien mal en point en ce début du XXIe siècle - pour proposer toutes sortes de modifications des conditions de vie les plus fondamentales du vivant.

Ainsi SpaceX propose d'utiliser les dernières ressources terrestres pour aller « terra-former » Mars, pour y déménager à terme une partie de l'humanité, la vie devenant trop risquée sur terre. Ainsi plusieurs industriels proposent des technologies de climatisation de la planète, partant de l'idée que le réchauffement climatique sera impossible à ralentir par d'autres moyens ; ainsi d'autres groupes industriels proposent de modifier significativement le patrimoine génétique de l'humanité pour le rendre plus compatible avec la raréfaction des ressources naturelles, notamment énergétiques et alimentaires. Les deux grandes catégories de tactiques de *dumping temporel*, les tactiques aux perspectives les plus *prometteuses* au sens néolibéral sont les programmes de modification de la réalité et le post humain. Ce sont aussi les deux catégories de stratégies les plus problématiques sur le long terme. Le rationnel néolibéral, celui qui détermine les stratégies de la majeure partie des acteurs de la mondialisation, contracte à présent le champ des possibles en rendant toujours plus improbable l'émancipation de l'humanité dans ses nouveaux milieux naturels et humains. Nous avons franchi le seuil à partir duquel la technoscience et l'économique permettaient d'accroître le champ des possibles, sur le long terme ; nous entrons dans une période de contraction de ce champ des possibles, avec danger de fermeture de l'avenir, possiblement à l'horizon BH22.

Certes, les utopies avaient longtemps associé progrès et sagesse. Mais nous ne pouvons plus compter sur des retombées automatiquement positives du faisceau continu des innovations technicocommerciales au XXIe siècle. La sagesse doit incontestablement se situer du côté de la prudence en cette période de désynchronisation évidente entre progrès technicoscientifique et progrès social. Il faudrait prioritairement veiller à éviter de trop profondes régressions sociales. D'un certain point de vue, les utopies en activité aujourd'hui visent une sortie du registre de l'humain. L'imaginaire de la mondialisation et du cyberspace se prolonge aujourd'hui dans les utopies post humaines qui n'admettent plus le distinctif, et visent ostensiblement un conformisme de grande envergure. Le message de leurs promoteurs est simple : « nous disposons aujourd'hui des moyens scientifiques et techniques d'accomplir l'humanité, c'est-à-dire de supprimer toutes les imperfections qui lui barrent l'accès au bonheur et de mettre un terme aux errements de l'histoire. Nous allons relayer la sélection naturelle et préparer un au-delà de l'humain - un post humain, une espèce inédite. L'homme « augmenté » dont j'entends déjà… encenser les vertus, est une vague approximation de cet au-delà de l'humain. Fera-t-on usage de celui dont on aura augmenté la mémoire, la vision nocturne, l'aptitude à la veille, la rapidité, l'audition, l'attention, l'action à distance… Je ne serais pas étonné que cet humain augmenté-là n'ait guère le temps de vivre autrement que pour remplir les objectifs d'une société entêtée de chiffres et de performances. Pauvre zombie, qui rend le sage ordinaire tellement désirable[102] ». Si la poursuite du bonheur se mue en poursuite de la perfection ou de la performance, nous allons effectivement vers une sortie de l'humain.

Il y aura contraction des futurs possibles tant que la mondialisation dans sa version néolibérale, farouchement opposée à toute idée de dépendance à l'égard du politique, représentera un obstacle à la constitution d'une « société monde », c'est-à-dire d'un système juridique et politique adéquat pour traiter des enjeux planétaires. Responsabilité limitée, paradis fiscaux, association de malfaiteurs, prises de risques technoscientifiques sur la scène mondiale, extractivisme forcené de ressources mondiales, *forcing* pour obtenir des juridictions commerciales qui s'imposeraient aux juridictions d'essence politique : toutes ces tactiques déployées par les TGE et certains gouvernements représentent des obstacles à l'élaboration de pratiques mondiales efficaces ; elles participent du « petit rationalisme[103] » qui pense développer le monde mais qui en fait le maltraite ; elles doivent apprendre à s'insérer dans un plus « grand rationalisme », qui incorporera la question de l'avenir des écosystèmes et de l'humanité sur le long terme. Un rationalisme devenu - ou redevenu - apte à déployer ses stratégies avec la sagesse qui convient à une société devenue si puissante. La science apportait auparavant des certitudes que l'on pensait solides, définitives. On mesure aujourd'hui que les sciences n'apportent que des certitudes locales, et qu'elles restent emplies d'incertitudes face à nos enjeux actuels de civilisation. Il n'est définitivement plus envisageable de fonder des sociétés sur ce type de savoir, bien trop fragile

---

[102] Jean-Michel Besnier, *op. cit.* p. 164.

[103] Idée reprise chez Merleau-Ponty, qui la développe dans un contexte différent, dans son superbe petit texte « Le grand rationalisme », in *Eloge de la philosophie*, Idées-Gallimard, p. 216-231.

pour prendre en charge les questions relatives à l'avenir de l'humanité.

Sortir de l'économie ou de la technique ne veut rien dire. Aucun retour en arrière n'est envisageable. En revanche il reste à notre portée de réfléchir différemment. Nous vivons d'immenses changements mais nous manquons d'instruments pour penser et mettre en œuvre ces changements. Rationalité, stratégie, sagesse, anticipation, tous ces outils semblent avoir partie liée avec le changement, mais dans des proportions qui nous échappent, dans des proportions qui semblent aussi s'être modifiées avec le temps. Nous commençons à présent à douter du bien-fondé de la rationalité pour conduire les affaires humaines, après lui avoir fait confiance les yeux fermés pendant plusieurs siècles. Après quelques décennies d'un recours immodéré à la stratégie, d'abord dans les affaires militaires dès la première moitié du XXe siècle, puis dans les affaires économiques après la fin de la seconde guerre mondiale, elle tend aujourd'hui à disparaître, phagocytée par les butées de la tactique opportuniste, bien mieux outillée pour tirer parti du présentéisme qui se diffuse aux abords des marchés financiers et de leur temporalité rythmée à la milliseconde - temporalité qui permet d'agir plus vite qu'on n'est capable de penser. La sagesse, de son côté, peut bien rester vivante et inspirer l'éthique ou la morale dans de nombreuses sociétés de la planète, elle a disparu depuis bien longtemps de l'univers des principaux acteurs de la civilisation occidentale. Etre sage ne représente rien pour les principaux décideurs de la planète, la sagesse est plutôt un frein au changement, ce changement dont il s'agit de favoriser coûte que coûte l'avènement, quelles qu'en soient les implications sur la longue durée. Quant à l'anticipation, elle serait devenue impossible. Dans un monde qui change très vite, il serait devenu radicalement impossible d'attendre de l'anticipation un quelconque bénéfice par rapport à l'opportunisme tactique qui maximise les intérêts des acteurs au présent. Ce sont ces questions qu'il s'agit ici de réinterroger, avec l'idée que l'urgence des situations périlleuses peut favoriser une remise en chantier de la question de l'anticipation, au besoin en imaginant de nouveaux rapports entre rationalité, sagesse et stratégie.

Sommes-nous à présent arraisonnés aux marchés financiers de la même façon que nous nous sommes arraisonnés à la technique, selon le diagnostic célèbre de Heidegger ? Disons que depuis la mondialisation il y a retour en philosophie de tout un matériau écologique et anthropologique qui était jusqu'alors repoussé à la marge de la rationalité occidentale. En l'absence d'utopie suffisamment motrice pour construire un avenir *positif* au sens où la pensée occidentale l'entend, la question pourrait être la suivante : quelles seraient les conditions à réunir pour que l'avenir ne soit plus considéré comme une poubelle ? Un monde se meurt, dit-on depuis bientôt un siècle, un nouveau monde est en train de naître. Mais ce nouveau monde tarde à apparaître. Peut-être est-il déjà là, en germe ou en train d'éclore, et nous devons alors en saisir au plus vite les premières manifestations, avant que notre dispositif technicoéconomique mondialisé ne le recouvre, ne l'étouffe, ne le repousse au fond de l'une de ses nombreuses impasses stratégiques.

Reprendre en main la direction vers le futur

Il est fort possible que le progrès au sens occidental puisse encore nous réserver de bonnes surprises, mais l'urgence est de reprendre en main la direction vers le futur. Il faut dans un premier temps, comme le suggérait Anders, défendre ce qui reste de la nature contre la puissance de l'être humain - ce qui nous paraît plus clair à présent qu'est dévoilée l'illusion de la destruction créatrice qui attise, en toile de fond, les logiques concurrentielles de l'économie mondialisée.

> C'en est arrivé à un point tel que je voudrais déclarer que je suis un « conservateur » en matière d'ontologie, car ce qui importe aujourd'hui, pour la première fois, c'est de conserver le monde comme il est. D'abord nous pouvons regarder si nous pouvons l'améliorer. Il y a la célèbre formule de Marx : « Les philosophes n'ont fait qu'interpréter le monde de diverses manières, ce qui importe, c'est de le transformer. » Mais maintenant elle est dépassée. Aujourd'hui il ne suffit plus de transformer le monde ; avant tout, il faut le préserver. Ensuite nous pourrons le transformer, beaucoup, et même de façon révolutionnaire. Mais avant tout nous devons être conservateurs au sens authentique, conservateur dans un sens qu'aucun homme qui s'affiche comme conservateur n'accepterait[104].

Il s'agit de bien assimiler que les outils conceptuels de notre civilisation, dans leur capacité à préparer l'avenir, sont devenus obsolètes. Et le plus gros problème est philosophique : il ne s'agit pas de fixer un prix à la tonne de carbone, ni de savoir comment s'organiseront les conflits pour l'accès aux dernières ressources dans chaque filière industrielle. Il s'agit de comprendre que l'ensemble du dispositif technicoéconomique occidental est voué à l'explosion, et que seule une réorientation rapide et d'envergure serait susceptible de modifier ce diagnostic. Le problème est important car il ne suffit pas de l'avoir compris. Nager seul à contre-courant ne suffit pas à inverser le courant. Le danger inhérent à une société

---

[104] Günther Anders, *Et si je suis désespéré…* p. 76.

d'experts et d'ingénieurs, c'est la surévaluation de la rationalité. Or la science aujourd'hui, pas davantage que la religion hier, n'a réponse à tout. Surdéterminer la capacité de la science à nous éclairer sur des enjeux de civilisation est source d'erreurs. Marcel Gauchet[105] explique de façon convaincante combien la science se coule dans la forme intellectuelle de la religion, qu'elle remplace. La science aujourd'hui, tout comme la religion hier, prétendent offrir un schéma directeur organisant l'expérience humaine et lui procurent un but et une direction. Mais qu'est-ce que gagne l'humanité d'aujourd'hui, et celle de demain, avec ce changement ? Se pourrait-il qu'à l'ère de la mondialisation ce qui faisait traditionnellement la spécificité du genre humain, sa capacité à résoudre stratégiquement les questions qui dépassent son échelle strictement humaine, se soit épuisé ?

La crise actuelle ne provient pas tant de mauvaises intentions humaines que du fait que les humains ne sont plus vraiment à la manœuvre sur les orientations stratégiques les plus structurantes pour l'accès au XXIIe siècle. Ce sont plutôt les entreprises, les fonds d'investissement, les agences de notation, les algorithmes de calcul de la valeur, les effets d'annonce sur les réseaux sociaux, les dispositifs d'observation de la terre et des comportements humains qui prennent les décisions les plus engageantes pour BH22. L'idéologie néolibérale actuelle fait fonctionner la plateforme du capitalisme en automate aveugle et hors de tout contrôle. Si effectivement la tâche la plus fondamentale est au début du XXIe siècle d'édifier une éco société durable et conviviale, il reste prioritaire dans un premier temps de reprendre la main sur la configuration de l'avenir. Pour éviter implosions et explosions qui représentent la perspective la plus

[105] Marcel Gauchet, *L'avènement de la démocratie*, Tome 1.

rationnelle, en cas de poursuite des stratégies actuelles, en direction de BH22. Auparavant, nous pouvions tout imaginer mais n'étions pas capables de tout faire. C'est l'inverse à présent : nous pouvons faire de si grandes choses que nous ne sommes plus capables d'en prévoir ni d'en comprendre les incidences à long terme. A ce jour, nous laissons les logiques techno libérales prendre des options déterminantes pour l'avenir de l'humanité, et avons abandonné l'ambition politique d'en conserver la maîtrise. La question est de comprendre à quelles conditions nous pouvons reprendre politiquement la main sur les horizons BH22. Pas forcément pour sauver définitivement l'humanité des impasses stratégiques dans lesquelles elle s'est fourvoyée, mais au moins pour retrouver le sentiment et la fierté de se retrouver dans des situations *choisies* et non pas seulement *subies*.

Quels sont les changements à opérer pour sécuriser l'atteinte de BH22 et au-delà ? « Le défi que posent les catastrophes majeures, qu'elles soient de type moral, naturel, industriel ou technologique, est que leurs victimes potentielles ont le plus grand mal à croire à leur imminence alors même qu'elles disposent de toutes les informations pour savoir que le pire est probable, sinon certain. Ce n'est pas le manque de connaissance qui explique que l'on n'agisse pas, mais le fait que le savoir ne se transforme pas en croyance. C'est ce verrou qu'il s'agit de faire sauter[106] ». Nous appartenons, depuis que notre entrée dans l'anthropocène est de notoriété publique, à une génération qui découvre les limites et la fragilité d'une civilisation qu'elle croyait solide et sur des rails orientés pour lui offrir des lendemains meilleurs. Désormais nous

---

[106] Jean-Pierre Dupuy, *L'avenir de l'économie. Sortir de l'économystification*, Flammarion, 2012, p. 265.

savons que l'Occident fragilise l'avenir du monde entier à l'horizon BH22.

Mais ce diagnostic ne suffit pas à résoudre le problème car aucune de nos institutions - internationales, étatiques, juridiques, politiques, syndicales, sectorielles, civiques, religieuses… - ne semble en mesure de faire cesser notre soumission aux logiques technologiques et financières. Personne ne conteste sérieusement aujourd'hui le réchauffement climatique, les pertes en biodiversité, la baisse des stocks d'énergie fossile, les drames humanitaires que représentent notre alimentation carnée ou l'usage massif de l'automobile. Mais rien ne semble en mesure d'infléchir les stratégies qui conduisent à ces états de fait. Pourtant, plusieurs courants de pensée nouveaux, plusieurs ensembles de pratiques responsables, d'innombrables initiatives de la société civile n'ont pas attendu que les logiques techno-libérales s'affaiblissent pour proposer de nouvelles pistes de réflexion et d'action. Le second volume de *Clés d'accès au XXIIe siècle* est consacré à l'analyse de ces innovations d'un genre nouveau.

Conclusion

Qu'on le veuille ou non, nous sommes entrés dans une ère du danger. Non pas du risque, au sens où il suffirait de prendre une police d'assurance pour nous prémunir de risques bien identifiés et circonscrits, mais bien du danger - un danger global, mondialisé. Il n'existe pas de police d'assurance vis-à-vis de ces nouveaux dangers, d'origine anthropique et d'envergure planétaire. Il n'existe pas de planète B, il n'existe pas d'humanité B. Ni à l'horizon BH22, ni avant, ni après. Afin que cette civilisation du danger ne s'enferme pas dans une culture de la peur et du repli, il faut apprendre à gérer cette situation avec sagesse. Minimiser ces dangers serait ridicule, les surdéterminer serait invivable. Nous devons imaginer les bases d'une culture de l'anticipation. Les savoir-faire cruciaux seront demain ceux qui permettront de projeter notre regard et notre esprit là où nos outils vont nous porter, pour comprendre ce que ces outils sont en train de faire de nous ; ceux qui permettront de décrypter, devant l'amoncellement des connaissances parcellaires du réel, l'émergence d'événements globaux ; ceux qui sauront dessiner des projets porteurs d'universalité locale ; ceux qui sauront rouvrir le délai qui nous reste à vivre, avant la clôture du temps, en direction d'un futur infini ; ceux qui sauront décrypter les dangers qui viennent et les voies nouvelles qui s'offriront à nous. Les rois de demain sauront sensibiliser leurs peuples à une attention vigile d'une portée équivalente à celle de leur pouvoir d'agir. Ils proposeront une politique de civilisation au sein de laquelle l'innovation sociale et environnementale seront devenues reines - davantage prisées que les innovations technologiques et marketing qui, elles, devront présenter des « permis d'engagement de l'avenir de l'humanité » dûment approuvés et validés avant passage au stade des investissements et de l'industrialisation.

Nous devons abandonner définitivement l'idée de devenir « maître et possesseur de la nature », ce projet devenant caduc à partir du moment où nous ne sommes plus en capacité d'anticiper les contours de ce monde fait de nos mains et de notre cerveau humain. Nous devons renoncer à vouloir fabriquer le meilleur des mondes et nous recentrer sur la possibilité de bricoler un monde meilleur. C'était une véritable illusion d'optique d'imaginer que nous pouvions, devant la complexité du réel, le découper en tranches, soumettre ces tranches de réel à nos hypothèses et expérimentations « scientifiques » pour en tirer un programme de conception et d'industrialisation d'un bien-être terrestre. Tant que nous demeurions inoffensifs, cette illusion ne portait pas à conséquence pour la survie de la biosphère ni de l'humanité. Mais tout prend des dimensions inouïes avec les innovations en cours de développement au début du XXIe siècle. Nous ne savons plus ce que nous faisons. De nouvelles catégories d'acteurs peuvent à tout moment déclencher des processus inattendus et irréversibles, sans aucune concertation publique, et nous accroissons les risques de fabriquer des désastres planétaires. D'ailleurs, à bien y réfléchir, à quoi pouvait donc bien aboutir un projet de domination d'un monde duquel nous sommes, nous-mêmes, parties prenantes ? Il y avait quelque chose de fondamentalement schizophrène dans cette affaire, dès le départ. Cette schizophrénie initiale ne pourrait-elle pas être responsable de la nervosité ambiante qui a accompagné l'idée de progrès à l'occidentale tout au long de ses étapes les plus scabreuses, par exemple lors de l'inquisition, de la mise à sac de l'Amérique, de la colonisation, du totalitarisme nazi, soviétique et, peut-être, du totalitarisme néolibéral contemporain ? Est-il vraiment si illusoire d'envisager une vie terrestre apaisée ? Qui est capable d'imaginer ce qu'une civilisation planétaire ancrée sur un objectif moins sot que celui de « combattre » la nature, c'est-à-dire démolir sa propre maison, pourrait produire ? Une civilisation qui ne chercherait pas à mutiler son propre avenir est-elle vraiment inenvisageable ? Est-il inimaginable de chercher à poursuivre le processus d'hominisation dans le sens d'une amélioration des relations entre humains, dans le bricolage modeste de conditions de vie locales relativement heureuses – respectueuses du présent et de l'avenir, désendettées vis-à-vis des générations futures grâce à un projet de civilisation dont l'ouverture des possibles serait l'objectif essentiel, à l'horizon BH22 et au-delà ? Dégagée de la faute, et donc de la culpabilité contemporaine de masse vis-à-vis de l'avenir ?

Il y a enfin un dernier problème avec la mythologie de la destruction créatrice : elle représente un acquiescement par anticipation vis-à-vis de toutes les dévastations du monde. Elle autorise une prise de risque de façon inconsidérée avec tous les constituants du réel : molécules, gènes, atomes. Tout ce qui est réalisable sera réalisé ; tout ce qui est vendable sera vendu. Soit, mais considérer à ce niveau d'intervention le progrès comme une possible destruction créatrice, c'est finalement prendre un risque nettement supérieur aux bénéfices visés. C'est autoriser des expérimentations qui pourraient représenter des attentats envers l'avenir du vivant. D'autant que les lacunes de la rationalité occidentale en termes d'anticipation interdisent toute pesée véritable des dangers attenants à cette conception du réel. Un monde issu de l'idée de destruction créatrice est aussi un terreau fertile pour les tentations totalitaires : il faudra bien un semblant d'ordre dans ces amoncellements de détritus. Un peu de rhétorique et de puissants moyens de communication aideront vraisemblablement quelques despotes éclairés à proposer des programmes de *re-création destructrice*. Peut-être même le feront-ils sous l'égide de la création de valeur au sens néolibéral.

Anders parlait de la honte prométhéenne, celle qui résulte de notre sentiment d'infériorité par rapport à nos propres fabrications. Ne devrait-on pas franchir un pas supplémentaire, et envisager l'émergence d'une honte planétaire vis-à-vis du sacrifice bien visible que nous sommes en train de perpétrer vis-à-vis de l'avenir ? Une honte d'origine occidentale, mais à présent largement planétarisée. La honte de ne pas avoir identifié un autre projet de civilisation que celui qui consiste à sacrifier l'avenir de la biosphère et de l'humanité pour assouvir nos besoins immédiats, la honte de faire partie des dernières générations qui se complaisent dans l'idée de mettre fin à l'histoire, de détruire la nature et la culture qui nous a fait naître. La honte de sacrifier l'avenir au bénéfice d'un présent augmenté. Le malaise des parents, pourtant nantis, qui hypothèquent l'avenir de leurs enfants pour quelques gouttes d'énergie ou de matière supplémentaires. On peut parler de honte, car au moment où nous prenons conscience de cet état de fait, nous comprenons simultanément que cet écocide et ce génocide ne seront de la responsabilité de personne d'autre que nous. Malheureusement les dieux n'y sont pour rien, la nature non plus, d'autant qu'elle a fait preuve d'une capacité de résilience qui a jusqu'ici autorisé bien des égarements humains. La honte du consommateur, du producteur, du salarié, la honte surtout du responsable, du dirigeant scientifique, économique ou politique, de celui qui perçoit plus clairement que les autres les effets des actions qu'il engage - ou qu'il n'engage pas. Et ils sont nombreux à présent, depuis la popularisation des concepts d'empreinte énergétique, ou d'anthropocène, à comprendre où mènent leurs stratégies. Ils invoquent encore TINA pour masquer leur honte. Cette TINA-là ne prétend plus, comme dans les années 1980, que les orientations néolibérales insoucieuses de la biosphère et de l'humanité sont les plus aptes à procurer un bonheur partagé sur l'ensemble de la planète. Ils invoquent TINA pour expliquer que de toute façon, si eux-mêmes ne prennent pas ces orientations stratégiques douteuses, d'autres les prendront à leur place, avec moins d'égards pour leurs retombées écologiques et humaines. Bien fragile paravent, qui n'empêche pas le déploiement d'un sentiment mortifère à force de honte sédimentée. La stratégie comme tactique collective de destruction du monde, en association de malfaiteurs. Qui peut bien savoir ce que serait le monde sans ce sentiment de destruction - destruction dont nous savons à présent très clairement qu'elle n'est pas créatrice. Qu'aurait pu devenir le libéralisme s'il n'avait pas viré en fondamentalisme consumériste ? Qui est capable d'imaginer une civilisation qui aurait trouvé le moyen de ne pas sacrifier son avenir pour construire son présent ? Si les marchés financiers n'avaient imposé le calcul des *profits futurs actualisés* comme loi universelle des échanges ? Qui sait ce que les terroristes d'aujourd'hui envisageraient de faire s'ils avaient encore un avenir ? Car il est clair que les causes des explosions sociales du début du XXIe siècle, terrorisme compris, ne sont pas à chercher dans les textes théologiques mais bien dans la situation et les perspectives sociales concrètes de plusieurs milliards d'êtres humains qui semblent perdus sur cette terre à présent dépourvue de ses récits mobilisateurs historiques et de ses systèmes de solidarité traditionnels.

Nous devons apprendre à *bricoler* un monde meilleur ? J'ai employé ce terme à dessein, pour bien insister sur l'idée que nous devons cesser de diviniser la place de l'homme dans le monde. Ce n'est finalement pas le meilleur service à rendre à cet homme que de lui faire croire qu'il serait devenu un dieu. La puissance que le contemporain a acquise sur les derniers siècles, grâce à sa prodigieuse capacité d'innovation, lui confère autant de responsabilités que de droits - évidence que les démocraties libérales ne sont pas encore parvenues à entrer en ligne de compte dans leurs programmes politiques. Le plus profond respect que l'homme pourra avoir vis-à-vis de lui-même sera celui dont il saura faire preuve à l'égard du monde et de ses congénères. Notre désir d'émancipation doit être réorienté vers des voies porteuses de perspectives plus assurées à l'horizon BH22.

Annexe. Déclaration de Philadelphie

Déclaration concernant les buts et objectifs de l'Organisation Internationale du Travail (Déclaration de Philadelphie)

La Conférence générale de l'Organisation Internationale du Travail, réunie à Philadelphie en sa vingt-sixième session, adopte, ce dixième jour de mai 1944, la présente Déclaration des buts et objectifs de l'Organisation internationale du Travail, ainsi que des principes dont devrait s'inspirer la politique de ses Membres.

I

La Conférence affirme à nouveau les principes fondamentaux sur lesquels est fondée l'Organisation, à savoir notamment :

- (a) le travail n'est pas une marchandise ;

- (b) la liberté d'expression et d'association est une condition indispensable d'un progrès soutenu ;

- (c) la pauvreté, où qu'elle existe, constitue un danger pour la prospérité de tous ;

- (d) la lutte contre le besoin doit être menée avec une inlassable énergie au sein de chaque nation et par un effort international continu et concerté dans lequel les représentants des travailleurs et des employeurs, coopérant sur un pied d'égalité avec ceux des gouvernements, participent à de libres discussions et à des décisions de caractère démocratique en vue de promouvoir le bien commun.

II

Convaincue que l'expérience a pleinement démontré le bien-fondé de la déclaration contenue dans la Constitution de l'Organisation internationale du Travail, et d'après laquelle une paix durable ne peut être établie que sur la base de la justice sociale, la Conférence affirme que :

- (a) tous les êtres humains, quels que soit leur race, leur croyance ou leur sexe, ont le droit de poursuivre leur progrès matériel et leur développement spirituel dans la liberté et la dignité, dans la sécurité économique et avec des chances égales ;

- (b) la réalisation des conditions permettant d'aboutir à ce résultat doit constituer le but central de toute politique nationale et internationale ;

- (c) tous les programmes d'action et mesures prises sur le plan national et international, notamment dans le domaine économique et financier, doivent être appréciés de ce point de vue et acceptés seulement dans la mesure où ils apparaissent de nature à favoriser, et non à entraver, l'accomplissement de cet objectif fondamental ;

- (d) il incombe à l'Organisation Internationale du Travail d'examiner et de considérer à la lumière de cet objectif fondamental, dans le domaine international, tous les programmes d'action et mesures d'ordre économique et financier ;

- (e) en s'acquittant des tâches qui lui sont confiées, l'Organisation internationale du Travail, après avoir tenu compte de tous les facteurs économiques et financiers pertinents, a qualité pour inclure dans ses décisions et recommandations toutes dispositions qu'elle juge appropriées.

III

La Conférence reconnaît l'obligation solennelle pour l'Organisation internationale du Travail de seconder la mise en œuvre, parmi les différentes nations du monde, de programmes propres à réaliser :

- (a) la plénitude de l'emploi et l'élévation des niveaux de vie ;

- (b) l'emploi des travailleurs à des occupations où ils aient la satisfaction de donner toute la mesure de leur habileté et de leurs connaissances et de contribuer le mieux au bien-être commun ;

- (c) pour atteindre ce but, la mise en œuvre, moyennant garanties adéquates pour tous les intéressés, de possibilités de formation et de moyens propres à faciliter les transferts de travailleurs, y compris les migrations de main-d'œuvre et de colons ;

- (d) la possibilité pour tous d'une participation équitable aux fruits du progrès en matière de salaires et de gains, de durée du

travail et autres conditions de travail, et un salaire minimum vital pour tous ceux qui ont un emploi et ont besoin d'une telle protection ;

- (e) la reconnaissance effective du droit de négociation collective et la coopération des employeurs et de la main-d'œuvre pour l'amélioration continue de l'organisation de la production, ainsi que la collaboration des travailleurs et des employeurs à l'élaboration et à l'application de la politique sociale et économique ;

- (f) l'extension des mesures de sécurité sociale en vue d'assurer un revenu de base à tous ceux qui ont besoin d'une telle protection ainsi que des soins médicaux complets ;

- (g) une protection adéquate de la vie et de la santé des travailleurs dans toutes les occupations ;

- (h) la protection de l'enfance et de la maternité ;

- (i) un niveau adéquat d'alimentation, de logement et de moyens de récréation et de culture ;

- (j) la garantie de chances égales dans le domaine éducatif et professionnel.

IV

Convaincue qu'une utilisation plus complète et plus large des ressources productives du monde, nécessaire à l'accomplissement des objectifs énumérés dans la présente Déclaration, peut être assurée par une action efficace sur le plan international et national, et notamment par des mesures tendant à promouvoir l'expansion de la production et de la consommation, à éviter des fluctuations économiques graves, à réaliser l'avancement économique et social des régions dont la mise en valeur est peu avancée, à assurer une plus grande stabilité des prix mondiaux des matières premières et denrées, et à promouvoir un commerce international de volume élevé et constant, la Conférence promet l'entière collaboration de l'Organisation internationale du Travail avec tous les organismes internationaux auxquels pourra être confiée une part de responsabilité dans cette grande tâche, ainsi que dans l'amélioration de la santé, de l'éducation et du bien-être de tous les peuples.

V

La Conférence affirme que les principes énoncés dans la présente Déclaration sont pleinement applicables à tous les peuples du monde, et que, si, dans les modalités de leur application, il doit être dûment tenu compte du degré de développement social et économique de chaque peuple, leur application progressive aux peuples qui sont encore dépendants aussi bien qu'à ceux qui ont atteint le stade où ils se gouvernent eux-mêmes, intéresse l'ensemble du monde civilisé.

Bibliographie

Anders, Günther, *L'obsolescence de l'homme. Sur l'âme à l'époque de la deuxième révolution industrielle,* Tome 1. [1956], Ed. Encyclopédie des nuisances et Ivrea, 2002.

Anders, Günther, *L'obsolescence de l'homme. Sur la destruction de la vie à l'époque de la troisième révolution industrielle*, Tome II. [1955-1979] Editions Fario, 2011.

Anders, Günther, *Le temps de la fin*, Herne, 2007.

Anders, Günther, *La violence : oui ou non, une discussion nécessaire*, [1987], Editions Fario, 2014.

Appadurai, Arjun, *Condition de l'homme global*, Paris, Editions Payot & Rivages, 2013.

Appadurai, Arjun, *Après le colonialisme, les conséquences culturelles de la globalisation,* [1996], Paris, Payot, 2005.

Arendt Hannah, *Condition de l'homme moderne,* [1958], trad. G. Fradier, Paris, Calmann-Lévy, 2nde éd., 1983.

Arendt Hannah, *La crise de la culture. Huit exercices de pensée politique, [*1961], Paris, Gallimard, 1972.

Arendt Hannah, *La vie de l'esprit*, Paris, PUF, 2013.

Baschet, Jérôme, *Adieux au capitalisme. Autonomie, société du bien vivre et multiplicité des mondes*, La Découverte, 2014.

Basso, Olivier, *Politique de la Très Grande Entreprise, Leadership et démocratie planétaire*, Puf, 2015.

Bauman, Zygmunt, *Le présent liquide*, Seuil, 2007.

Bauman, Zygmont, *Les riches font-ils le bonheur de tous* ? Paris, Armand Colin, 2013.

Baumann, Sigmund, *Le coût humain de la mondialisation*, Pluriel, Fayard, 1999.

Baumard, Philippe, *Le vide stratégique*, CNRS éditions, 2012.

Beck, Ulrich, *La Société du risque. Sur la voie d'une autre modernité,* [1986], Paris, Aubier, 2001.

Beck, Ulrich, *Pouvoir et contrepouvoir à l'heure de la mondialisation,* [2002], Champs-Flammarion, 2003.

Beck, Ulrich, *Qu'est-ce que le cosmopolitisme* ? Aubier-Flammarion, 2006.

Bertho, Alain, *Les enfants du chaos. Essai sur le temps des martyrs,* La Découverte, 2016.

Besnier, Jean-Michel, Alexandre, Laurent, *Les robots font-ils l'amour ? Le transhumanisme en 12 questions*. Dunod, 2016.

Besnier, Jean-Michel, *L'humanisme déchiré*, Descartes & Cie, 1993.

Besnier, Jean Michel, *Demain les post humains, le futur a-t-il encore besoin de nous ?*, Fayard, 2010.

Besnier, Jean-Michel et Bourg, Dominique, *Peut-on encore croire au progrès ?*, PUF, 2000.

Besnier, Jean-Michel, *L'homme simplifié, le syndrome de la touche étoile,* Fayard, 2012.

Besset, Jean-Paul, *Comment ne plus être progressiste... sans devenir réactionnaire,* 2005, Paris, Fayard, 2007.

Birnbaum, Jean, (sous la direction de), *Où est passé le temps*, Folio, Essais, 2012.

Bonneuil, Christophe, et Fressoz, Jean-Baptiste, *L'évènement anthropocène*, Paris, Seuil, 2013.

Bonneuil, Christophe, *Une autre histoire des « Trente Glorieuses »*, La découverte, 2013.

Bussy, Florent, *L'utopie. Entre idéal et réalité. Peut-on résister au totalitarisme ?* Libre & Solidaire, 2016.

Caye, Pierre, *Critique de la destruction créatrice*, Les Belles Lettres, 2015.

Castoriadis, Cornelius, *développement et rationalité,* in Esprit, mai 1976 (3.3)

Castoriadis, Cornélius, *Le monde morcelé, Les carrefours du labyrinthe,* Paris, Seuil, 1990.

Cervera-Marzal, Manuel, *Pour un suicide des intellectuels*, Textuel, 2015.

Chabot, Pascal, *Global burn-out*, PUF, 2012.

Chakrabarty, Dipesh, *Provincialiser l'Europe. La pensée postcoloniale et la différence historique,* Ed. Amsterdam, 2009.

Chakrabarty, Dipesh, « Penser et agir en tant qu'espèce », in *La Revue des livres*, N° 008, Nov. Déc. 2012.

Chomsky, Noam, *Futurs proches. Liberté, indépendance et impérialisme au XXIe siècle*, Lux éditeurs, 2011.

Collectif, Entretiens, *Sur la fin des temps*, (entre JC. Carrère, J. Delumeau, U. Eco, S. Jay Gould), Fayard, 1998.

Collectif, (B Latour Dir), *De l'univers clos au monde infini*, Editions Dehors, 2014.

Collectif, *Du risque à la menace, penser la catastrophe*, (Dir D Bourg), PUF, 2013.

Collectif, *Théorie critique de la crise. Du crépuscule de la pensée à la catastrophe,* Le bord de l'eau, 2014.

Collectif, Edgar Morin, *Aux risques d'une pensée libre*, CNRS Editions, 2011.

Collectif, Pestre, Dominique dir, *Le gouvernement des technosciences,* Paris, La Découverte, 2014.

Collectif, *Histoire globale, un autre regard sur le monde*, Editions sciences humaines, 2015.

Collectif, *L'avenir aujourd'hui dépend-il de nous ?* Textes réunis par R.P. Droit, Paris, Le Monde-Editions, 1995.

Collectif : Préface de François Dagognet, *Vers la fin de l'homme ?* Editions De Boeck Université, 2006.

Collectif, *Philosophie et science-fiction*, (Dir Gilbert Hottois), Vrin, 2000.

Collectif, *Le monde dans 100 ans. Des économistes de renom prédisent l'avenir*, [2013] Economica, 2015.

Collectif, *De quoi l'avenir intellectuel sera-t-il fait ?* Enquêtes 1980, 2010, Le débat, Gallimard, 2010.

Collectif, *L'avenir : Actes du XXIe congrès de l'Association des sociétés de philosophe de langue française*, à Athènes en 1986. Paris, Vrin, 1987.

Collectif, (coordination J.N. Missa et L. Perbal), *Les philosophes et le futur,* Vrin, 2012.

Collectif (dir JL Blaquart), *L'avenir en question : la fin des promesses ? Religion et politique face à l'imprévisible*, Ar. Colin, 2013.

Collectif : Forum Le Monde Le Mans 1994, *L'avenir aujourd'hui dépend-t-il de nous ?* Textes réunis et présentés par RP Droit, Le Monde Editions Paris 1995.

Conway, E.M., Oreskes, N., *L'effondrement de la civilisation occidentale,* Les liens qui libèrent, 2014.

Crouch, Colin, *L'étrange survie du néolibéralisme*, [2005], Diaphanes, 2016. (3.9)

Delmas-Marty, Mireille, *Résister, responsabiliser, anticiper*, Seuil, 2013.

Delmas-Marty, Mireille, *Vers un droit commun de l'humanité*, [1995], Textuel, 2005.

Delmas-Marty Mireille et Supiot, Alain, *Prendre la responsabilité au sérieux,* PUF, 2015.

Delmas-Marty, Mireille, *Aux quatre vents du monde. Petit guide de navigation sur l'océan de la mondialisation*, Seuil, 2016.

Delsol, Chantal, *Les pierres d'angle. A quoi tenons-nous* ? Paris, Les éditions du cerf, 2014.

Delsol, Chantal, *L'âge du renoncement,* Paris, Les éditions du cerf, 2011.

Delsol, Chantal, *La haine du monde. Totalitarismes et postmodernité*, Editions du Cerf, 2016.

Dardot, Pierre, Laval, Christian, C*ommun – Essai sur la révolution au XXIe siècle*, La Découverte, 2015.

Dardot, Pierre, Laval, Christian, *Ce cauchemar qui n'en finit pas. Comment le néolibéralisme défait la démocratie*, La Découverte, 2016.

Diamond, Jared, *Effondrements*, Folio essais, 2005

Desroches, Dominic, *Penser le temps politique, entretiens avec D. Innerarity,* Presses Universitaires de Laval, 2011.

Dufour, Dany-Robert, *L'individu qui vient... après le libéralisme*, Denoël, 2011.

Dufour, Dany-Robert, *Il était une fois le dernier homme*, 2012, Denoël, 2012.

Dufour, Dany-Robert, *La situation désespérée du présent me remplit d'espoir*. Le bord de l'eau, 2016.

Dufourmantelle, Anne, *La vocation prophétique de la philosophie*, Paris, Les éditions du cerf, 1998.

Dupuy, Jean Pierre, *Pour un catastrophisme éclairé. Quand l'impossible devient certain*, Paris, Seuil, 2002.

Dupuy, Jean-Pierre, *L'avenir de l'économie*, Flammarion, 2012.

Dupuy, Jean-Pierre, *La marque du sacré*, Flammarion, 2008.

Duterne, Renaud, *La fragmentation du monde. De quoi l'effondrement est-il le nom* ? Utopia, 2016.

Dyens, Olivier, *La condition inhumaine, essai sur l'effroi technologique,* Flammarion, 2008.

Elias, Norbert, *La dynamique de l'occident* [1939], Paris, Presses Pocket, 2003.

Elias, Norbert, *Du temps* [1984], Paris, Fayard, 1997.

Elias, Norbert, *L'utopie*, La Découverte, Paris, 2009.

Eribon, Didier, *Principes d'une pensée critique*, Fayard, 2016.

Foessel Michael, *Après la fin du monde, critique de la raison apocalyptique,* Seuil, 2012.

Foucault, Michel, *Qu'est-ce que les Lumières* ? Bréal, 2004.

Foucault, Michel, *Naissance de la biopolitique*, cours au collège de France 1979-1980,

Friedman, Thomas L, *La terre est plate, une brève histoire du XXIème siècle*, Londres, Editions Perrin, 2006.

Freud, Sigmund, *L'avenir d'une illusion*, [1927], Points, 2011.

Fukuyama, Francis, *La fin de l'histoire et le dernier homme*, Essais, 1992.

Fukuyama, Francis, *La fin de l'homme, les conséquences de la révolution biotechnique*, Gallimard, 2002.

Fusaro, Diego, *L'Europe et le capitalisme. Pour rouvrir le futur*, Editions Mimésis Philosophie, 2016.

Gadrey, Jean et Jany-catrice, Florence, *Les nouveaux indicateurs de richesse,* La découverte, 2005.

Gauchet, Marcel, *Le désenchantement du monde*, [1985], Gallimard, 2012.

Gauchet, Marcel, *La Religion dans la démocratie*, Gallimard, 2001.

Gauchet, Marcel, *L'avènement de la démocratie I, la révolution moderne*, folio essais, 2007.

Gauchet, Marcel, *L'avènement de la démocratie II, la crise du libéralisme,* folio essais, 2007.

Gauchet, Marcel, *L'avènement de la démocratie III, à l'épreuve des totalitarismes,* folio essais, 2007.

Georgescu-Roegen, Nicholas : *La décroissance. Entropie – écologie – économie*. [1979], Paris, Sang de la Terre, 2011.

Giddens, Anthony, *Les conséquences de la modernité*, Paris, L'Harmattan, 1994.

Girard, René, *Achever Clausewitz*, Camps Essais, 2011.

Gorz, André, *Bâtir la civilisation du temps libre*, Les liens qui libèrent, 2013.

Gorz André, *Ecologica*, Galilée, 2003.

Gorz, André, *Misères du présent, richesse du possible*, Paris, Galilée, 1997.

Gorz, André (Direction Christophe Fourel), *Un penseur pour le XXIème siècle,* La Découverte, 2012.

Gras, Alain, *Fragilité de la puissance*, Fayard, 2003.

Habermas Jürgen, *Raison et légitimité. Problèmes de légitimation dans le capitalisme avancé*, Paris, Payot, 1988.

Habermas, Jurgen, *L'avenir de la nature humaine. Vers un eugénisme libéral,* 2001, Essais Gallimard.

Habermas, Jürgen, *Après l'état-nation, une nouvelle constellation politique,* [1998], Fayard/Pluriel, 2013.

Habermas, Jürgen, *La technique et la science comme « idéologie »*, [1968], Paris, coll. Tel, Gallimard, 1973.

Hadjadj, Fabrice, *Puisque tout est en voie de destruction,* Le passeur, 2014.

Hamilton, Clive, *Requiem pour l'espèce humaine, face à la réalité du changement climatique*, Les presses SciencesPo., 2013.

Hariri, Yaval Noah, Sapiens. *Une brève histoire de l'humanité*, Albin Michel, 2015. (3.6)

Hartog, François, *Régimes d'historicité. Présentisme et expériences du temps,* Paris, Seuil, 2003.

Hayek, *La route de la servitude*, [1946], PUF, 1985.

Heidegger, Martin, *Essais et conférences*, [1954], Paris, Gallimard, 1958.

Heisbourg, François, *L'épaisseur du monde*, Stock, 2007.

Hottois, Gilbert, *Dignité et diversité des hommes*, Vrin, 2009.

Hottois, Gilbert, *Qu'est-ce que la bioéthique* ? 2004, Vrin.

Hottois, Gilbert, *Entre symboles et technosciences, un itinéraire philosophique*, Champ Vallon, 1996.

Hottois, Gilbert, *Généalogies philosophique, politique et imaginaire de la technoscience*, Vrin, 2013.

Hottois, Gilbert, *l'inflation du langage dans la philosophie contemporaine,* Université de Bruxelles, 2011.

Hottois, Gilbert, *Le transhumanisme est-il un humanisme ?* L'académie en poche, 2014.

Huntington Samuel, *Le choc des civilisations*, Odile Jacob, 1996.

Innerarity, Daniel, *Le futur et ses ennemis. De la confiscation de l'avenir à l'espérance politique,* Paris, Climats Flam., 2008.

Innerarity, Daniel, *La société invisible*, Québec, Laval, PUL, 2012.

Innerarity, Daniel, *La démocratie sans l'état. Essai sur le gouvernement des sociétés complexes*, Climats, 2006.

Innerarity, Daniel, *Ethique de l'hospitalité*, Québec, Laval, PUL, 2009.

Innerarity, Daniel, *Démocratie et société de la connaissance*, Grenoble, PUG, 2015.

Jonas, Hans, *Le principe responsabilité, une éthique pour la civilisation technologique*, [1979], Paris, éd. du Cerf, 1990.

Jonas, Hans, *Pour une éthique du futur*, [1993], Payot & Rivages, 1998.

Jonas, Hans, *Habiter le monde*, par Robert Theis, Editions Michalon, 2008.

Jorion, Paul, *Le dernier qui s'en va éteint la lumière – Essai sur l'extinction de l'humanité*, Fayard, 2016.

Kant, Emmanuel, *Idée d'une histoire universelle au point de vue cosmopolitique,* Paris, Bordas, 1988.

Kant, Emmanuel, *Qu'est-ce que les Lumières* ?, Paris, Hatier, 2007.

Kant, Emmanuel, *Vers la paix perpétuelle*, Paris, Hatier, 2007.

Klein, Naomi, *La stratégie du choc*, Actes sud, 2008.

Kempf, Hervé, *Fin de l'Occident, naissance du monde*, Seuil, 2013.

Koronéos, *Faut-il inventer le réel ? Etude sur le principe*, Editions le Grand souffle, 2007.

Koselleck, Reinhardt, *Le futur passé. Contribution à la sémantique des temps historiques,* [1979], éditions EHESS, Paris.

Kurzweil, Ray, *Humanité* 2.0, M21 Editions, 2007.

Laïdi, Zaki, *Le sacre du présent*, Flammarion, 2000.

Latour, Bruno, *Politiques de la nature, Comment faire entrer les sciences en démocratie*, La découverte, 1999

Latour, Bruno, *Nous n'avons jamais été modernes, Essai d'anthropologie symétrique* [1991], Paris, La Découverte, 1997.

Latour, Bruno, *Enquête sur les modes d'existence. Une anthropologie des modernes*, Paris, La Découverte, 2012.

Latour, Bruno, *Face à Gaïa, huit conférences sur le nouveau régime climatique*, La découverte, 2015

Lazzarato, Maurizio, *Gouverner par la dette*, Les prairies ordinaires, 2014.

Lazzarato, Mauricio, *La fabrique de l'homme endetté, essai sur la condition néolibérale,* Paris, Editions Amsterdam, 2011.

Lebeau, André, *l'enfermement planétaire*, Gallimard, 2008.

Lebeau, André, *L'engrenage de la technique*, Gallimard, 2005.

Lebeau, André, *Les horizons terrestres. Réflexion sur la survie de l'humanité,* Gallimard, 2011.

Lecourt, Dominique, *Humain, post-humain*, PUF, 2003(3.5)

Lecourt, Dominique, *L'avenir du progrès*, Paris, Textuel, 1997.

Lenoir, Frédéric, *La guérison du monde*, Fayard, 2012.

Lista, Giovanni, *Qu'est-ce que le futurisme, textes et manifestes,* Essais folio, 2015.

Lordon, Frédéric, *Jusqu'à quand ? Pour en finir avec les crises financières,* raisons d'agir, 2008.

Lorius, Cl. Carpentier, Laurent, *Voyage dans l'anthropocène, cette nouvelle ère dont nous sommes les héros*, Actes Sud, 2010.

Lovelock, James, *La revanche de Gaïa*, [1979], Flammarion, 2007.

Lussault, Michel, *L'avènement du monde, essai sur l'habitation humaine de la terre,* Seuil, 2013.

Madisson Angus, *L'économie mondiale : statistiques historiques*, OCDE, Etudes du centre de dévelop., 2003.

Maffesoli, Michel, *Le réenchantement du monde,* La table ronde, 2007.

Marion, Louis, *Comment exister encore ? Capital, technoscience et domination*, Eco société, 2015.

Mattelart, Armand, *Histoire de l'utopie planétaire - De la cité prophétique à la société globale*, Paris, La découverte, 1999

Mattei, Jean-François, *Le sens de la démesure*, Editions Sulliver, 2009.

Mattei, Jean-François et Nisand, Israël, *Où va l'humanité* ? Les liens qui libèrent, 2013.

Mattei, Jean-François, *L'homme dévasté*, Grasset, 2015.

Meadows, Donella, Meadows, Dennis, Randers, Jorgen, « Rapport au Club de Rome », *Halte à la croissance ? Rapport sur les limites de la croissance* (The Limits to Growth) [1972], Paris, Fayard, 1973.

Meadows, Donella, Meadows, Dennis, Randers, Jorgen, *Les limites à la croissance (dans un monde fini), le rapport Meadows, 30 ans après*, [2004], Paris, éditions Rue de l'échiquier, 2012.

Meillassoux, Quentin, *Après la finitude, essai sur la nécessité de la contingence*, Seuil, 2006.

Michéa, Jean-Claude, *L'empire du moindre mal. Essai sur la civilisation libérale,* Champs Essais, Flammarion, 2010.

Montebello, Pierre, *Métaphysiques cosmomorphes - La fin du monde humain,* Drama, 2015.

Montebello, Pierre, *L'autre métaphysique*, [2003], Collection Drama, 2016.

Morin, Edgar, *Introduction à la pensée complexe*, [1990], Paris, Seuil, 2005

Morin, Edgar, *La voie, pour l'avenir de l'humanité*, Fayard, 2011.

Morin, Edgar, *Penser global. L'humain et son univers*, Robert Laffont, 2015.

Morin, Edgar, *Ecologiser l'homme*, Lemieux éditeur, 2016.

Mororov, Evgeny, *Le mirage numérique. Pour une politique du Big Data,* Les prairies ordinaires, 2015

Mumford, Lewis, *Les transformations de l'homme*, [1956], Paris, Edition de l'encyclopédie des nuisances, 2008.

Neyrat, Frédéric, *Homo Labyrinthus. Humanisme, antihumanisme, posthumanisme,* Editions Deshors, 2015

Neyrat, Frédéric, *La part inconstructible de la terre. Critique du géo constructivisme*, Seuil, 2016.

Nora, Dominique, *Sur le monde de demain. Lettre à mes parents,* Grasset, 2015.

Ortéga y Gasset, José, *L'histoire comme système*, Allia, 2016.

Patocka, Jan, *Essais hérétiques, sur la philosophie de l'histoire*, Lagrasse, Editions Verdier, 1990.

Patocka, Jan, *L'art et le temps*, P.O.L., Essais, 1991.

Pitch, Georg, *Réflexions au bord du gouffre*, [1969], Paris, Robert Laffont, 1970.

Oreskes, Noami, Conway, Erik M., *Les marchands de doute*, Le pommier, 2014.

Pestre, Dominique, *Science, argent, politique, un essai d'interprétation,* Paris, INRA Editions, 2003.

Pestre, Dominique, *A contre-science. Politiques et savoirs des sociétés contemporaines,* Seuil, 2013.

Picq, Pascal, *L'avenir du passé : Modernité de l'archéologie,* La Découverte, 2013.

Polanyi, Karl, *La grande transformation*, [1944], Gallimard, 1983.

Polanyi, Karl, *Essais*, Paris, Seuil, 2008.

Pomian, Krzysztof, *Sur l'histoire*, (comprenant « La crise de l'avenir »), Folio, 1999.

Pomian, Krzysztof, *L'Ordre du temps*, Paris, Gallimard, 1984.

Revault d'Allonnes, Myriam, *La crise sans fin, essai sur l'expérience moderne du temps,* Seuil, 2012.

Rifkin, Jeremy, *La troisième révolution industrielle. Comment le pouvoir latéral va transformer l'énergie, l'économie, le monde,* [2011], Paris, Les liens qui libèrent, 2012.

Rist, Gilbert, *Le développement, histoire d'une croyance occidentale*, Paris, Presses de Sciences Po, 2007 (édition revue).

Rist, Gilbert, *L'économie ordinaire entre songes et mensonges*, Paris, Les presses de Science Po, 2010.

Rosanvallon, Pierre, *La société des égaux*, Seuil, 2011 (3.0)

Schwärgerl, Christian, *L'âge de l'homme* – Construire le monde à l'heure de l'Anthropocène, Manifestô Alternatives, 2012.

Semprun, Jaime et Riesel, René, *Catastrophisme, administration du désastre et soumission durable,* Encyl. des nuisances, 2008

Sen, Amyrta, *L'économie est une science morale*, La découverte, 1999.

Sen, Amartya, *Repenser l'inégalité* [1992], trad. P. Chemla, Paris, Seuil, 2000.

Sen, Amartya, *Un nouveau modèle économique. Développement, justice,* liberté, Odile Jacob, 2003.

Sen, Amartya, *L'idée de justice*, Paris, Flammarion, 2010.

Serres, Michel, *Le gaucher boiteux, puissance de la pensée*, Le Pommier, 2015.

Simonin, Jean-François, *Anticiper à l'ère de l'anthropocène. Apprendre à défataliser l'avenir au XXIe siècle*, L'Harmattan, 2016.

Sloterdijk, Peter, *Règles pour le parc humain* et *La domestication de l'Etre,* Mille et une nuits, 2000.

Sloterdijk, Peter, *La mobilisation infinie*, Points, 2000.

Sloterdijk, Peter, *Le palais de cristal*, [2005], Pluriel, 2010.

Sloterdijk, Peter, *Tu dois changer ta vie*, Paris, Libella, 2011.

Sloterdijk, Peter, *La folie de Dieu*, [2007], Pluriel, 2012.

Sloterdjick, Peter, *Colère et temps*, Pluriel, 2007.

Stengers, Isabelle, *Au temps des catastrophes*, La découverte, 2099.

Stiegler, Bernard, *Ars industrialis, - Réenchanter le monde, Flammarion,* 2006.

Stiegler, Bernard, *Ce qui fait que la vie vaut la peine d'être vécue*, Flammarion, 2011.

Stiegler, Bernard, *Dans la Disruption. Comment ne pas devenir fou* ? LLL, 2016.

Supiot, Alain, *L'esprit de Philadelphie. La justice sociale face au marché total,* Seuil, 2010.

Supiot, Alain, *La gouvernance par les nombres*, Fayard, 2015.

Taguieff, Pierre-André, *L'effacement de l'avenir*, Paris, Galilée, 2000.

Taguieff, Pierre-André, *Le sens du progrès. Une approche historique et philosophique*, Paris, Ed. Flammarion, 2004.

Taguieff, Pierre-André, *Du progrès*, Paris, Librio, 2001.

Tainter, Joseph A. *L'effondrement des sociétés complexes*, [1988], La Fenderie, Aube, Le retour aux sources, 2013.

Taleb, Nassim Nicholas, *Le cygne noir, la puissance de l'imprévisible*, Paris, Les belles Lettres, 2007

Taleb, Nassim Nicholas, *Force et fragilité, réflexions philosophiques et empiriques*, Paris, Les belles lettres, 2010.

Tocqueville A. de, *De la démocratie en Amérique* [1840], vol. 1 et 2, Paris, Gallimard, Folio, 1961

Valéry, Paul, *Regards sur le monde actuel et autres essais*, [1945], Œuvres II, Paris, Gallimard, Essais, 2009.

Valéry, Paul, *Variété I et II*, [1924], dont « La crise de l'esprit », Essais, 2009.

Valéry, Paul, *Variétés III, IV et V,* [respectivement 1936, 1938 et 1944] Folio, Essais, 2010.

Virillio, Paul, *La Vitesse de Libération*, Paris, Galilée, 1995.

Virillio, Paul, *Le Futurisme de l'instant*, Paris, Galilée, 2009.

Virilio, Paul, *Le grand accélérateur*, Galilée, 2010.

Wallerstein, Immanuel, *Comprendre le monde : Introduction à l'analyse des systèmes-monde*, Paris, La Déc., 2006.

Wallerstein, Immanuel, *Le capitalisme historique*, [1983], la découverte, 2011.

Wieviorka, Michel, (sous la direction de), *L'avenir*. Sciences humaines Editions, 2015.

Wieviorka, Michel (Dir.), *Penser global. Internationalisation et globalisation des sciences humaines et sociales*, Editions MHS, 2016.

Wagner, Peter, *Sauver le progrès. Comment rendre l'avenir à nouveau désirable ?*, La Découverte, 2016.

Weber, Max, *Le savant et le politique*, [1959], Paris, Editions 10/18, Département d'Univers Poche, 1963.

Weber, Max, *L'éthique protestante et l'esprit du capitalisme*, Paris, Gallimard, 2003.

Weinstein, Olivier, *Pouvoir, finance et connaissance, les transformations de l'entreprise capitaliste entre XXe et XXIe siècle*, La découverte, 2015.

Weisman, Alan, *Homo disparitus*, Paris, Flammarion, 2007.

Wright, Ronald, *La fin du progrès*, Editions Hurtubise, 2006.

Zarka, Yves Charles, *L'inappropriabilité de la Terre, Principe d'une refondation philosophique*, Armand Colin, 2013.

Zawadski, Paul (Dir.), *Malaise dans la temporalité*, Publications de la Sorbonne, 2002.

Table des matières

Sommaire 11

Définition des principaux termes utilisés 13

Introduction 15

1. Le souffle initial du néolibéralisme 27

Les mauvaises critiques du néolibéralisme 30

L'assimilation nazisme-communisme-keynésianisme 39

Actes de naissance et idéaux néolibéraux 45

Le coup d'État mondial du néolibéralisme 52

Libéralisme et totalitarisme 57

2. Obsolescence des mythologies occidentales 67

Main invisible du marché, doux commerce et fabrique du diable 70

Le développement, un mythe occidental 75

La destruction créatrice, transcendance nihiliste 80

La concurrence comme principe d'organisation 86

Progrès technique et mutilation écologique 88

3. Les nouveaux agents de transformation du monde 97

Les TGE, de taille exorbitante 100

Une capacité inédite de transformation du monde 103

Sociétés anonymes et responsabilités limitées 107

La stratégie des TGE, néolibéralisme en action 111
Sur l'absence de devoirs politiques de la TGE 114

4. Vide stratégique et déficit ontologique 123
On a cessé de vouloir définir le réel 125
De la stratégie à la tactique, raccourcissement des horizons .. 130
Vide stratégique et déficit ontologique 134
Les limites de la spécialisation 140
Faire de l'avenir le point d'arrivée de la pensée stratégique .. 143

5. Un portefeuille de futurs en contraction 149
La Loi, sous l'emprise du nombre 153
Innovation vitale, innovation létale 158
Contraction des futurs du monde et situations irréversibles ... 161
Intensification de l'être et bio conservatisme 169
Accroissement du savoir et rétrécissement de l'avenir 173
Reprendre en main la direction vers le futur 180

Conclusion 185

Annexe. Déclaration de Philadelphie 191

Bibliographie 195

Philosophie

aux éditions L'Harmattan

Dernières parutions

L'ALIÉNATION DANS LA *PHÉNOMÉNOLOGIE DE L'ESPRIT*
Foufas Nikos
Cet ouvrage propose une lecture méthodique de la place centrale et des sens multiples de l'aliénation et de l'extériorisation dans la *Phénoménologie de l'esprit* de Hegel. Quelle est la place de ces notions dans l'oeuvre majeure du philosophe allemand ? L'auteur tente ainsi de mettre l'accent tantôt sur l'aspect et l'enracinement profondément social-historique de ces deux notions.
(Coll. Ouverture Philosophique, 25.00 euros, 334 p.)
ISBN : 978-2-343-11884-0, ISBN EBOOK : 978-2-14-003476-3

DELEUZE, PHILOSOPHE DES MULTIPLICITÉS
Sous la direction de Franck Jedrzejewski et Jean-Clet Martin
Le recueil de textes présentés ici reprend l'hommage organisé pour le vingtième anniversaire de sa mort, le 4 novembre 2015 au Lycée Henri IV. Ils témoignent de l'effort toujours renouvelé des philosophes pour saisir la pensée deleuzienne. Rassemblés dans cet ouvrage, ils offrent une contribution majeure aux études deleuziennes.
(Coll. Ouverture Philosophique, 22.50 euros, 208 p.)
ISBN : 978-2-343-11811-6, ISBN EBOOK : 978-2-14-003453-4

LA HAINE – Est-elle si haïssable ?
Oulahbib Lucien-Samir
«La répulsion est la première forme de la conscience de soi-même», avançait Marx. Ce qui peut se traduire par un mouvement de rejet à des fins de préservation de soi. Mais cela n'empêche pas d'être attiré par l'autre, ce qui d'ailleurs renforce notre originalité. Attraction et répulsion s'articulent ainsi en vue de nous forger une identité. Le fait de se mettre à distance du monde, de s'en distinguer, ne signifie cependant pas de s'en séparer, de l'annihiler, de devenir «haineux».
(Coll. Commentaires philosophiques, 10.00 euros, 64 p.)
ISBN : 978-2-343-11668-6, ISBN EBOOK : 978-2-14-003494-7

L'IRAN AUTREMENT
Des conflits philosophiques à l'iconophobie
Rokoee Reza
Ce livre entreprend une analyse de la pensée philosophique en Iran et propose une lecture de quelques problématiques actuelles. L'ouvrage offre un aperçu de

l'histoire des idées en Iran moderne et contemporain et s'intéresse notamment à la question de l'iconoclasme à travers un syndrome qualifié d'iconophobie.
(Coll. L'Iran en transition, 31.00 euros, 310 p.)
ISBN : 978-2-343-09220-1, ISBN EBOOK : 978-2-14-003393-3

JE EST UN AUTRE
L'art contemporain en Chine & en France
Sous la direction d'Éric Bonnet et Qing Chen
«Je est un autre». Cette déclaration d'Arthur Rimbaud en 1871 vient troubler nos définitions traditionnelles de l'identité, des pratiques poétiques et de la création artistique. Des artistes chinois et des théoriciens français ont réfléchi aux enjeux actuels de cette déclaration révolutionnaire. Dans le nouveau contexte interculturel, entre l'art occidental et l'art extrême-oriental, une réflexion sur l'identité et l'altérité permet alors d'explorer les possibilités du soi et de construire une possible identité partagée dans le domaine de l'art contemporain.
(Coll. Eidos série Retina, 13.50 euros, 116 p.)
ISBN : 978-2-343-11776-8, ISBN EBOOK : 978-2-14-003446-6

JUSTICE EN TANT QUE LOI, JUSTICE AU-DELÀ DE LA LOI
Hobbes, Derrida et les Critical Legal Studies
Tunc Utebay Serpil - Préface de Martine Leibovici
Cet ouvrage donne une place importante à l'idée de la justice selon deux philosophes : selon la théorie de Thomas Hobbes elle est prise dans un cercle entre la loi, le souverain et la violence, tandis que, pour Jacques Derrida, elle ne doit pas être limitée à la loi. L'intention de l'auteure, n'est pas d'apporter une nouvelle théorie, mais de montrer qu'une idée philosophique peut avoir une influence en politique ou en droit selon les propositions des Critical Legal Studies.
(Coll. La philosophie en commun, 27.00 euros, 262 p.)
ISBN : 978-2-343-11471-2, ISBN EBOOK : 978-2-14-003515-9

LE MANIFESTE DES ESPRITS LIBRES
Granarolo Philippe
L'un des pires effets des attentats djihadistes est de déformer notre regard. Envahissant l'espace médiatique, jeunes radicalisés et auteurs d'attentats-suicides tendent à nous faire oublier que la religion a disparu de l'horizon de la plupart d'entre nous. C'est à la majorité indifférente aux croyances religieuses que cet essai donne enfin la parole, car, en effet, les citoyens sans religion demeurent le plus solide rempart contre tous les intégrismes.
(Coll. Questions contemporaines, 18.50 euros, 174 p.)
ISBN : 978-2-343-11752-2, ISBN EBOOK : 978-2-14-003506-7

MARCHER
Écouter ce que nos pas nous disent
Essai
Lefebvre Gérard
Page après page, et pas après pas, cet ouvrage est une invitation à écouter ce que nos pas nous disent. Écouter ce qu'ils disent de nous, de notre corps et de nos

pensées. Ce qu'ils nous disent aussi de l'état du monde, de nos certitudes, de nos aspirations et de nos limites. Somme toute, un prétexte pour se laisser aller à deviser le long des chemins.
(22.00 euros, 216 p.)
ISBN : 978-2-343-11547-4, ISBN EBOOK : 978-2-14-003401-5

MISE EN SCÈNE D'UN CORPS PERFORMATIF
Entre identité & altérité
Chen Qing - Préface d'Éric Bonnet
L'enjeu de la représentation en images du corps et l'utilisation du propre corps de l'artiste comme support de création est une réaction à l'échec communicationnel contemporain. Le dispositif artistique peut-il déjouer, pour un moment au moins, la puissance d'aliénation qui veut que l'on se conforme à une certaine idée du corps, à ce «corps social» ? Peut-il permettre une certaine construction identitaire ? Montrer le portrait, l'autoportrait et le corps de différentes façons, manipuler ces codes permettent à l'artiste de réfléchir sur sa propre identité dans une société, tout en interrogeant la relation du «soi» au «nous».
(Coll. Eidos série Retina, 20.50 euros, 206 p.)
ISBN : 978-2-343-11119-3, ISBN EBOOK : 978-2-14-003450-3

L'ORIGINE DU RIRE
Discours comique et imaginaire
Essai d'analyse sémantique du mécanisme comique
Gavriloff Georges
Le rire obéit toujours à un mécanisme sémantique immuable niché dans les profondeurs du discours. Le comique passe par une pluralité de significations potentielles et se complaît à créer des émotions positives ou des réactions négatives. Il ne laisse pas indifférent. Sa fonction, au sein du langage, reste communicationnelle : communication avec les autres, mais aussi volonté de compréhension et de paix sociale. Cette étude nous fait découvrir la véritable porte d'entrée qu'est le comique dans l'univers social.
(Coll. Ouverture Philosophique, 19.00 euros, 182 p.)
ISBN : 978-2-343-11466-8, ISBN EBOOK : 978-2-14-003357-5

PAUL RICŒUR
Image de Dieu : Origine et déchéance (Tome 1)
Seo Hyejeong
Avant-propos d'Olivier Abel
Dans un de ses rares textes proprement théologiques, intitulé «L'image de Dieu et l'épopée humaine», essentiel dans l'étude critique de sa pensée, le philosophe Paul Ricœur réfléchit à l'image et à la signification de l'homme. Reprenant l'idée que le sujet humain, fait à l'image de Dieu, est un être solidaire, dynamique et responsable, il le montre à la fois «individuel et collectif». Ce premier ouvrage est consacré au concept de l'image de Dieu et de sa déchéance, à la question du bien et du mal.
(Coll. Ouverture Philosophique, 29.00 euros, 288 p.)
ISBN : 978-2-343-11452-1, ISBN EBOOK : 978-2-14-003373-5

PAUL RICŒUR
Image de Dieu : Rédemption et Eschatologie (Tome 2)
Seo Hyejeong
Attaché au thème de l'homme individuel et collectif, Paul Ricoeur étend le concept de l'image de Dieu aux trois ordres institutionnels de l'économique, du politique et du culturel. Il élabore une synthèse harmonieuse entre le principe de la Création et celui de la Rédemption dans le domaine collectif et social. Cette conviction motive son engagement social dans une perspective progressiste. Cependant, il réserve l'achèvement de la rédemption à la fin du monde. Ce second volume permet d'ouvrir un nouvel horizon à l'éthique sociale et à l'histoire eschatologique.
(Coll. Ouverture Philosophique, 22.50 euros, 220 p.)
ISBN : 978-2-343-11766-9, ISBN EBOOK : 978-2-14-003374-2

LE POSITIVISME DE DAVID HUME
Ayissi Lucien
Établir que l'empirisme de David Hume est la formulation philosophique anticipée du positivisme qu'Auguste Comte va systématiser au XIXe siècle, tel est le dessein de l'auteur de cet ouvrage. En effet, sous l'influence de John Locke et, dans une certaine mesure, de Georges Berkeley, David Hume repense la philosophie de la connaissance de manière à bien baliser le terrain épistémologique sur lequel se sont aisément déployés non seulement le positivisme de Comte, mais aussi et surtout le néopositivisme que le Cercle de Vienne a élaboré de telle sorte qu'Alain Boyer puisse, à juste titre, considérer ses membres comme «les fils de Hume».
(Coll. Éthique, politique et science, 26.50 euros, 254 p.) *ISBN : 978-2-343-11457-6, ISBN EBOOK : 978-2-14-003430-5*

POUR UNE APPROCHE STRATÉGIQUE DES ESPACES POLITIQUES
Essai de philosophie politique
Cova Hans
Comment repenser l'action collective et l'unité des luttes à l'intérieur d'un contexte géopolitique aussi instable qu'incertain ? «Une approche stratégique des espaces politiques» ne signifie pas l'abandon de l'espace national. Elle exige une réflexion active se réalisant aux niveaux local, national, international. Résolument internationaliste, cette démarche n'est pas sans dessiner une nouvelle figure de la citoyenneté, fondée sur l'émancipation humaine.
(Coll. Ouverture Philosophique, 17.50 euros, 162 p.)
ISBN : 978-2-343-11704-1, ISBN EBOOK : 978-2-14-003391-9

L'HARMATTAN ITALIA
Via Degli Artisti 15; 10124 Torino
harmattan.italia@gmail.com

L'HARMATTAN HONGRIE
Könyvesbolt ; Kossuth L. u. 14-16
1053 Budapest

L'HARMATTAN KINSHASA
185, avenue Nyangwe
Commune de Lingwala
Kinshasa, R.D. Congo
(00243) 998697603 ou (00243) 999229662

L'HARMATTAN CONGO
67, av. E. P. Lumumba
Bât. – Congo Pharmacie (Bib. Nat.)
BP2874 Brazzaville
harmattan.congo@yahoo.fr

L'HARMATTAN GUINÉE
Almamya Rue KA 028, en face
du restaurant Le Cèdre
OKB agency BP 3470 Conakry
(00224) 657 20 85 08 / 664 28 91 96
harmattanguinee@yahoo.fr

L'HARMATTAN MALI
Rue 73, Porte 536, Niamakoro,
Cité Unicef, Bamako
Tél. 00 (223) 20205724 / +(223) 76378082
poudiougopaul@yahoo.fr
pp.harmattan@gmail.com

L'HARMATTAN CAMEROUN
TSINGA/FECAFOOT
BP 11486 Yaoundé
699198028/675441949
harmattancam@yahoo.com

L'HARMATTAN CÔTE D'IVOIRE
Résidence Karl / cité des arts
Abidjan-Cocody 03 BP 1588 Abidjan 03
(00225) 05 77 87 31
etien_nda@yahoo.fr

L'HARMATTAN BURKINA
Penou Achille Some
Ouagadougou
(+226) 70 26 88 27

L'HARMATTAN SÉNÉGAL
10 VDN en face Mermoz, après le pont de Fann
BP 45034 Dakar Fann
33 825 98 58 / 33 860 9858
senharmattan@gmail.com / senlibraire@gmail.com
www.harmattansenegal.com

www.ingramcontent.com/pod-product-compliance
Lightning Source LLC
LaVergne TN
LVHW010926061026
849535LV00007B/2257
* 9 7 8 2 3 4 3 1 3 3 0 7 2 *